作者简介

周 威

中国人民大学公共管理学院土地管理系博士后,先后毕业于中国政法大学、北京大学,获法学博士学位;先后供职于外交系统和律师事务所。曾于核心学术刊物上发表过《美国民主下的司法社会》、《普通法的治理》、《律师转所:必须面对的紧迫问题》等论文,独自和与他人合作翻译并出版了《法律与殖民文化》、《权利话语》等两本译著。

西方法律坐标丛书

Legal Regime in the Nascent England
the Competitive choice for the Legal Regime in the Nascent England from the 11th to 13th Century

英格兰的早期治理
——11—13世纪英格兰治理模式的竞争性选择

周威 ◎ 著

图书在版编目(CIP)数据

英格兰的早期治理:11—13 世纪英格兰治理模式的竞争性选择/周威著. —北京:北京大学出版社,2008.8
(西方法律坐标丛书)
ISBN 978 - 7 - 301 - 14074 - 1

Ⅰ.英… Ⅱ.周… Ⅲ.政治制度 - 历史 - 英国 - 11~13 世纪 Ⅳ.D756.19

中国版本图书馆 CIP 数据核字(2008)第 107623 号

书　　名:英格兰的早期治理——11—13 世纪英格兰治理模式的竞争性选择
著作责任者:周　威　著
责 任 编 辑:吕亚萍
标 准 书 号:ISBN 978 - 7 - 301 - 14074 - 1/D · 2096
出 版 发 行:北京大学出版社
地　　　址:北京市海淀区成府路 205 号　100871
网　　　址:http://www. pup. cn　电子邮箱:law@ pup. pku. edu. cn
电　　　话:邮购部 62752015　发行部 62750672　编辑部 62752027
　　　　　　出版部 62754962
印　　刷　者:三河市新世纪印务有限公司
经　　销　者:新华书店
　　　　　　650 毫米×980 毫米　16 开本　10.75 印张　136 千字
　　　　　　2008 年 8 月第 1 版　2008 年 8 月第 1 次印刷
定　　　价:22.00 元

未经许可,不得以任何方式复制或抄袭本书之部分或全部内容。
版权所有,侵权必究
举报电话:010 - 62752024　电子邮箱:fd@ pup. pku. edu. cn

目录

缘起	1
导言	2
一、普通法的风貌	2
二、关于题目的几点说明	7
第一章　诺曼征服与王权兴起	9
一、诺曼征服对英格兰权力格局的影响	11
二、王权的兴起——从"第一贵族"向国王的转变	14
第二章　封建制度与王权	17
一、封建制度：一个无法回避的话题	17
二、作为一种治理模式的封建制度	18
三、诺曼征服与英格兰的封建化	21
四、英格兰对封建制度的背离	22
第三章　国王与教会	35
一、教会权威	36
二、英格兰教会	40
三、小结	48
第四章　国王的军队	51
一、英格兰骑士兵役制度（knight's service）	52
二、免服兵役税（Scutage）和骑士雇佣制度	60
三、民间武装（民团）的发展	67

第五章　国王的地方代理人　72
一、郡长——国王地方代理人的产生　72
二、地方代理人制度的推行　75
三、对地方代理人的制约　80

第六章　国王的法庭　90
一、巡回审判制度　93
二、中央王室法院　112
三、普通法的中央司法体系　126
四、小结：司法治理模式的形成　129

第七章　英格兰早期社会的民间参与机制　134
一、陪审制度　134
二、英格兰的地方自治传统　140

结语　160

参考书目　164

索引　167

篇后语　170

缘　　起

　　看上去，我就像是一个通往普通法世界的朝圣者，尽管至今无缘见其真容，但令人神往的自由传统以及无与伦比的司法技艺早已透过其神秘的面纱将我招安了。但是直到动笔之前，我至多也就是个懵懂的信徒，因为长久以来，我始终困顿于一个初始的话题：为什么在普通法世界中，中央司法权威迟早都会被置于一个神龛之上？要知道英国王室法院大体上肇始于诺曼征服百年之后的金雀花改革，而美国联邦最高法院从国会地下室走出，并最终成为美国宪法的解释者，亦经历了一个漫长而曲折的过程，那么究竟是什么力量促成了这一奇妙现象的产生呢？也许我们可以说美国的法律实践盖因继承了普通法的传统，正如大陆法系是借鉴罗马法传统而形成的一样。然而，英国法中最卓然不群的精神却恰恰在于：它是一种自发生成的秩序，是在没有任何可鉴的政治蓝图下，被创造出来的一幅纯粹的原创作品。在这里，一切发生的动机都是最为原始和朴素的，但又不会像古罗马那样遥远得无法把握。

导　言

一、普通法的风貌

　　诚如历史法学派所言，一个民族之法乃是该民族历史和精神的产物。要描绘一个国家的法律图景，就应当沿循历史的足迹，透过那些足以对历史发展方向产生影响的事件，去理解可能导致法律演变的力量。法律绝非静止而刻板的法条汇编，它是治理者积极回应内部需求和外部压力的结果，它渗透于漫长的历史长河之中，呈现出千姿百态的模样。

　　微观的司法活动是一种定纷止争的裁判形式；但从宏观上讲，它又未尝不是一种实现法律治理的手段，通过个案的积累以确保法律获得社会的普遍遵循。在普通法世界中，司法所具有的社会控制机制体现得尤为显著，一种通行于英格兰的法律——普通法便是司法的造物。然而在其发源之初，作为国王的主张，司法治理既非最初的诉求，也不是孤立存在的权力元素。

　　诺曼征服（1066年）之后，英格兰与欧洲其他王国一样，封建管辖和教会管辖通行于此。但是为了克服领主逞威、教会专权对于王权的现实威胁，自征服者威廉入主伊始，英王便在有意识地贯彻国王的治理。任何一种统治的实现无一例外地需要一个与之相应的组织架构和管理体系来确保权力意志获得他人的服从。因此，本书将逐一考察11—13

世纪英格兰的封建管辖体系(封建法庭)、教会组织、国王的军队、地方代理人以及国王的法院,其间种种兴衰清晰地向我们展现出了一个长期制度选择的进程。

本书共分七章。第一章为"诺曼征服与王权兴起",作为英格兰历史上被谈论最多的历史事件,诺曼征服客观上改变了英格兰的政治权力结构;与征服前相比,王权的兴起可谓是最直接可见的效果,而其后,几乎所有的制度选择都是围绕这个中心点展开的。第二章为"封建制度与王权",封建制度是一个令人困惑的概念,卡内刚(Caenegem)将英格兰的封建制度称为"一种更为良好的封建制度(a better feudalism)",而梅特兰则干脆把它看成一个"不幸"的字眼,也许我们本就应该小心使用这样的标签,但却不妨将它作为研究英格兰早期社会变迁的参照系;如果将封建制度界定为一种特定的治理模式,那么我们可以清楚地看到,许多与之相冲突的国王治理意图是如何渗透其间——从最初的土地分封、多元化的地方法律设置,到其后对领主管辖权的持续侵蚀,国王几乎从一开始便在一点点地颠覆着实行封建治理的企图;而到了13世纪,当领主管辖权对于土地这一封建制度的基石不再发生作用的时候,封建领主概念随即终止。第三章为"国王与教会",教会对于西方法律传统的形成具有决定性的作用,之所以放在第二章之后,因为尽管英格兰教会系基督教世界的组成部分,但是它却在许多方面体现出与其大陆同行明显不同的外貌特征;其中作为大地产所有者(Baron),他们与世俗贵族/领主之间似乎没有本质的差别,因此除了程度有所不同之外,上一章关于推行国王治理所施加的作用力同样适用于教会;在王权的干涉下,不论是封建管辖还是教会管辖不仅无法充分展开,而且至少在土地诉讼方面均已被纳入到统一的中央司法管辖之下。从第四章开始,文章的视角将转向国王的治理,以期进一步考察国王的权力主张在多大程度上得到了实现,以及在这个过程中,其他社会力量又是以怎样的方式进行着回应。在任何治理中,军队都是一种最有力的强制措施,因此英格兰的军备建设首当其冲地成为切入点。在第四章"国王的军队"一篇中,我们将关注封建骑士兵役制度是如何演变成为全民防御的战备形式;地方武装割据的危害以及国王建立常备军的努力是如何相互抵消掉的?这大概是英格兰历史上最为瞩目现象之一了。第五章为"国王的地方代理人",郡长一职是国王对地方事务进行直接干涉的最初装置;从寒微小吏到郡法院的主持人,在王权的支持下,郡长成功地取代了原先的伯爵成为地方长官,但另一方面,郡法院沿袭的合议制度又构成了对郡长权力的内在限制,加上王室法院的兴起、新的地方官职的产生,郡长最终走向没落。第六章"国王的法庭"主要论述对象是那些能够对社会实现法律控制的中央政府设置,其他事务性部门不在考察之列;在英格兰,巡审各地的巡回法庭,而不是某个中央常驻机构,应当被看成第一个经常性实施法律职能的中央机构;随着中央司法权威的确立,受案数量的增加,常设中央王室法院接踵而至;在各自历经沉浮之后,爱德华一世时代最终奠定了中央普通法院(the Bench,后为皇家民事高等法院[the Common Pleas])、王座法院(the king's bench)、财税法院(the court of Exchequer,13世纪末从原先的财政署转化而来)三大王室法院鼎足而立的基本格局。自此,以中央王室法院为中心、辅之以巡回审判体系的中央司法治理模式脱颖而出,它们共同将英格兰王国连成了一个整体。本书的最后一章是"英格兰早期社会的民间参与机制",在前述各种机构的沿革中,已经可以看到对民间协作的种种诉求,本篇则试图立足于制度层面,将以陪审制度与地方自治为代表的民间参与机制归结为司法治理模式赖以建立的基础,抑或长期维系的合理化因素。其中作为一项司法设置的陪审制度不仅为中央司法权威提供了公信力的保障,而且其所承担的广泛职能(控告、证明、裁判)亦是王室法院得以稳健运转不可或缺的补充;相比之下,地方自治的传统更

导言

是将许多在其他国家经常由中央政府控制或者负担的公共性职能——国会代表选任、军备治安、市场管理以及城市机构设置等等,通过地方性协作和自我管理予以消化解决。这样的社会架构虽然远不具有现代民主社会的精致与稳固,但对于一个简约的市民社会而言,未尝不是一种可以被接受的契合状态。

与专章叙述的文字编排不同,在现实的历史坐标中,各种各样的发展元素总是纠缠一体,甚至很难厘定各自的源头;它们出现的时候往往默默无闻,或者仅仅是应急之需,而当闪现的灵感最终演变为一项成熟的制度安排时,已经没有人在意其远逝的足迹;虽然缺少厚重的理性,但英格兰人却延续了选择的权力,对自由的追求引领着他们不断地进行社会试验,耐心打造那些看似有益的成果,并逐步吸收进制度的殿堂。这便是普通法的历史风貌,但绝非放任无序,因为当我们截取一个足够长的时间段,用线条将种种趋势和结果连接在一起的时候,"一幅图像就会突然出现在那些看似杂乱无章的线段之中(密尔松语)"。试想如果威廉没有从征服伊始便采取避免地方专权的预防措施,而是纵容封建管辖或者教会管辖成就为一种根如磐石的制度体系,那么也许就无法期待1个世纪之后司法创新能够以渐进平缓的方式最终实现王国的治理;如果没有贵族、教会对王权的反抗,任由国王建立军队,或者自上而下复制金字塔式的官僚授权体系,那么国王也许就无需再依靠一支消极有限的司法大军来树立权威;同样,如果随时有一个专横而强大的军事行政当局枕戈待旦,它们又怎么会甘心屈服于一个天性软弱的司法权威之下呢?在这些制度选择的背后,我们可以真切地感受到多元化权力碰撞出来限权效果——权力不仅没有像接力棒一样在国王、教会、贵族之间作简单的传递,反而在冲突各方向市民社会寻求同盟者的过程中,被越来越多的市民主体所分享。正因为如此,当国家法律权威在13世纪被建立起来之后,其职能也已经降低到了最低限度,不得不以一种最为自敛的"法官"形象自居;与之相应,在长期斗争中不断释放出来的自由空间也让市民社会得以逐步通过参与和协作来填补秩序真空。

本书主旨在于阐释英格兰早期治理模式的形成不是任何单一权力意志的安排,它是竞争性选择的产物;而且只有在具备权力约束机制的社会中,制度选择的机会才不会被权力褫夺。多元化权力格局是西方法律文化中所特有的现象。在三权分立的近代宪政体制建立之前,君主、教会和贵族之间的分权和对抗为权力制约机制提供了一种原始而粗糙的方案。如果说宪政的首要精义是对权力的制约,那么在西方早期中世纪历史中,我们已经可以看到其精神原型。坚持在权力对抗妥协的基础上探寻英格兰早期法律治理图景的形成及其动因,是本文的基本研究路径。最初,王权、教权和封建领主权的管辖范围均没有明确的法律限定,每一种权力主张都包含着绝对化倾向,但是在彼此的斗争中,限制权力、强调协作逐渐在英格兰成为一种趋势。另一方面,任何一种权力如果想要获得更广泛的服从,都必须借助特定的载体——组织管理机构。一般而言,组织管理机构越是复杂和完备,权力控制的力度就越大,因此对权力载体组织化程度的考察是评价权力量度的重要标志。在诺曼征服后的英格兰,无论是封建制度、教会统治,还是君权政治都无法得到充分展开。与之相应的是,封建法庭、教会机构、王室政府的组织化程度均被限定在了较低的层次。从私权盛行的11世纪到国家公共权威逐步确立的13世纪,普通法秩序的早期构建没有以牺牲权力约束机制为代价,而长期权力斗争作用于国家治理模式选择上的最终结果则是:当普通法于12世纪末和13世纪期间以司法治理之术的面目出现之后,英格兰随即被纳入到一支消极被动、职能有限的司法大军的治理之下。

在中国传统文化中,司法职能从来就是行政职能的附庸,即使是被分离出来由专门的司法机构承担,司法职能及司法机构本身仍然处于行政威权的控制之下,不时地渗透出行政官僚的气味,毕竟他们只是国家行政化管理模式中的配角。相比之下,在普通法传统中,司法权威得力于早期司法治理模式的形成。在社会各方面力量的共同作用下,司法程式及其行为范式最终被打造成为主导公共权力的惯行模式。因此,与其他国家不同,普通法国家的司法机构不仅提供着王国中最尊贵的职位——王室法官(Justice、"正义化身");而且她的权威是在社会的不断认同下逐渐积累而至的,从这个意义上可以说,对国王而言,司法治理是用尽其他治理方式(军事征服、行政强制)之后的选择;对于社会而言,司法治理则是唯一可以被接受的对自由的"管制"。

二、关于题目的几点说明

1. 为什么是英格兰?如我们所知,大不列颠岛可以划分为英格兰、苏格兰、威尔士等三个地域板块,而早期处于英王直接治理之下只有英格兰,普通法发源于此。

2. 为什么时间定位在11—13世纪?1066年的诺曼征服在英格兰开创了一个新的王朝,虽然传承了许多过去的法律与习惯,但是带来的改观似乎更为显著,至少可以将这一重大历史事件看成一个新的历史演进的起步。而截至13世纪所发生的制度变迁在英格兰法律史中无疑具有举足轻重的地位,它不仅代表了一个从私权盛行、天下为私的初民社会,向公共权威产生、民族国家形成所进行的转变,而且还为普通法传统贡献出了两个最为重要的组件——司法治理和地方自治。

3. 为什么是竞争型选择?妥协是英格兰政治的灵魂。在这里,多元化权力的斗争没有表现为你死我活的仇视状态;大多数情况下,他们通过不断地讨价还价,以微小的调整来寻求妥协,因此相互间体现出了更多的竞争关系。此外,种种治理主张(不论是来自不同主体,还是源于同一主体,如国王),在长期选择的过程中,也都呈现出了此消彼长的竞争态势。

第一章 诺曼征服与王权兴起

　　妥协是英格兰政治的灵魂。尽管不时地伴有暴力形式,但最终通过对话来解决社会根本问题仍旧是英格兰制度建设的基本范式。与之相连的一种宽容的民族精神,不妨追溯到千年以前,并且记住凯撒大帝登陆英国时的目击者已经是混合种族的后裔;3—6世纪,条顿民族的大规模迁徙也没有中断大不列颠的历史,一般而言,征服者不大注意那里原本就不发达的罗马文化,因此没有必要臆断他们会将原有的居民斩尽杀绝、撵出家园或降受为奴。托克维尔在《英格兰历史纪实》中写道:这里清晰地记述着相互积压的各支居民的迁移活动,他们处于连续不断的融合之中,却又各自保留某些固有的本色。① 他们杂居一处、相互通婚,"种族"一词在英格兰的历史渊源上变得并无多大意义,同息共生的命运最终帮助他们融合成为"英国人(English)"。与战火纷飞的邻邦相比,不列颠似乎天生就不是一块崇尚武功的土壤。恺撒曾先后两次远征,但都未能凭借武力在这里建立起类似罗马人在欧洲大陆实行的行省统治。6世纪,传教士奥古斯汀重来英国时,依仗着开导劝说和自愿信奉基督教而获得了成功。丹麦人也比飞扬跋扈的罗马征服者更成功一些,但很难将其在英格兰的统治与专政联系在一起,因为卡纽特的"罪行审判"在欧洲是最先进的,与专断行为含义截然相反的"法律"一词最初是丹麦语,恰如梅特兰指出的,"如果说我们今天能够对法律和

---

①　阿萨·勃里格斯:《英国社会史》,陈叔平等译,中国人民大学出版社1989年版,第31页。

英格兰的早期治理

权力作出区别,我们是受惠于丹麦人。"①诺曼人——英格兰最后一位"入侵者"建立的长久统治同样不应被认为是靠武力实现的。一般认为英格兰人所以能够公正地对待诺曼入侵这一历史事件不仅是因为赫斯汀斯(Hastings)交战的双方都源自共同的祖先,更为重要的是"征服者"登陆伊始,便允诺尊重并保留古老社会习俗,他们庄严地宣誓将秉守正义之法,严禁司法擅断和恣意妄为。②

在英国历史中,诺曼征服(1066年)是被谈论最多的历史事件。作为一个新的起点,征服者继承了妥协的传统,但却改变了妥协的方式。他们为大不列颠注入了新的力量因素,打破了旧有的社会平衡。以王权兴起为导火线,进而引发了绵延若干世纪的社会变革的反应链。包括国王、英格兰贵族、新兴的诺曼贵族、教会在内的各种力量之间新一轮的竞争中,重新建立权力妥协规则构成了11—13世纪英格兰法律史的主要话题。相比之下,具体的法律形态也只是妥协的产物,是多元化权力冲突轨迹上的标识,他们有助于我们了解英格兰最重要的一段宪政发展史,但同时也必须小心,不要被其外在的形式引入歧途。因为在现实世界中,没有多少法令能够畅通无阻地直达目标。国王对教会、贵族的制约,不能说是不成功的,但是同样我们也无从准确把握:王国中这些最有权势的人物在多大程度上,或者在怎样的情形下会遵从国王的命令,并以此作为他们行动的指针。无论如何,英格兰的显贵们绝不是国王一皱眉一跺脚就会被逼就范、胆小软弱的可怜虫,他们不仅对其等级所具有的神秘品质、骑士风范推崇备至,更重要的是他们拥有抗争的外在条件。大部分财富、知识——这些权力的标志都掌握在贵族和教士手中,只要联成一体,他们甚至可

---

① 阿萨·勃里格斯:《英国社会史》,陈叔平等译,中国人民大学出版社1989年版,第57页。

② F. W. Maitland, *The Constitutional History of England*, Cambridge University Press, 1920, p.60.

以撤换国王。政治的妥协是以矛盾和冲突为前提的,没有冲突就没有和谐的秩序。英格兰贵族十分清楚自己的敌人,而国王可能就是其中一位。总而言之,英格兰是多元化权力的角斗场,其早期的历史更是向我们展示出一幅波澜壮阔的权力斗争场景。但是这里通行的规则不是"赢者通吃、负者出局",而是各擅胜场。斗争的结果也不是割据与分裂,而是共生共存的原则。

征服者威廉没收并重新分配了战败的英格兰贵族的土地,但是之后,金雀花王朝的亨利却又反过来求助盎格鲁撒克逊人以制约那些拥有诺曼血统的贵族。为了消除封建割据对中央王权的威胁,威廉一世曾有意识地将封地划分得狭小而零散,以使封建领主的实力不致太过强大。为了限制教会特权,抵制教皇对英格兰的权力主张,英王联合贵族阶层成功地在英格兰避免了建立教会统治的危险,这在一定程度上直接促成了世俗法律职业团体的兴起。① 然而另一方面,在相当长的时间里,国王又必须依靠教士、贵族来实现对王国的治理。得不到权贵们的支持,约翰王不仅失去了欧陆诺曼底领地,而且被迫屈从于教皇;亨利三世更招致了贵族战争,英格兰国会制度便发轫于这一时期。作为多元化权力长期斗争妥协的结果是:任何一方都无法完全按照自己的意志组装王国,而在长期斗争中流溢出的自由精神最终成就了普通法的地方自治传统,与之相应的则是,法律的权杖逐渐被交到了一支中立的、有限的司法大军手中。

一、诺曼征服对英格兰权力格局的影响

在梅特兰看来,诺曼征服是英国历史上的一次"剧震"(Catastro-

---

① 马克斯·韦伯:《经济与社会》,林荣远译,商务印书馆1998年版,第118—119页。

phe)①，没有诺曼征服，很可能就不会在 12 世纪滋生出普通法的传统。但是站在具体的制度层面，我们似乎又很难在诺曼征服与普通法之间建立直接的关联。对此，贝克(Baker)有着经典的论述：

> 好战、野蛮、未经开化的诺曼人初到之时，英格兰就已经存在着与他们在诺曼底相同的法律和政治体系。毫无疑问，那时的诺曼人对任何一种精致完备的法律制度都一无所知。征服所造成的最直接可见的效果是英格兰人与诺曼人之间的种族歧视；一种新的更为野蛮的决斗裁判；教会司法管辖与郡法院、百户邑法庭各自为政；为了满足王室游猎的嗜好，颁定《森林法案》，迫使其臣民屈从于外来压迫之下；军事采邑制度为领主司法管辖权创建了新的法律基础。所有这一切都无助于普通法的产生和发展，倒更像是一种颠覆。②

既然如此，诺曼征服到底为英格兰带来了什么？如哈耶克所言：自由就是非强制，那么英格兰自由的传统必定与缺少普遍强制这一事实密切相关，而这在很大程度上应归功于诺曼征服对英格兰权力格局的影响。

从组织形态上看，诺曼征服为英格兰造就了一种制度选择的临界状态。在西方不同历史时期均发生过主要作用的三种治理模式——封建制度、教会统治以及君主制的构建几乎同时发端于这个长期游离于欧洲主流文明边缘地带的岛国。具体表现在：诺曼征服导致王权的兴起，英格兰开始致力于世俗君主国的建设；英格兰贵族战败、诺曼新贵对英格兰土地的重新分配，破坏了以土地为纽带的封建关系链条，虽然诺曼

---

① Sir Frederic Pollock and Frederic William Maitland, *The History of English Law before the Time of Edward I*, Cambridge University Press, 1968, p.79.

② J. H. Baker, *An Introduction to English Legal History*, Butterworth & Co (publishers) Ltd., 1979, p.11.

贵族能够迅速地填补原先英格兰贵族的位置，但却无法在短时期内复制出完备的封建管辖体系，从这个意义上讲，英格兰封建管辖原则的重新确立也起步于诺曼征服；同期，以教皇革命为标志，拉开了发展教会法体系、建立教会统治的历史序幕。这一趋势同样作用于英格兰，随着教会权威的形成，作为基督教世界的一部分，英格兰教会也开始不断地主张着自己的独立权威地位。

诺曼征服所附带产生的这一特殊历史发展境遇，使得王权、封建领主权以及教权在一定程度上达成了相互制衡的状态。虽然利益冲突不停地引发彼此之间的对抗，但是三种相互匹敌的权力却从一开始便相互纠缠、彼此限制——每一种权力都在给其他权力的行使制造着障碍，以致任何一方都无力取得压倒性的优势地位，也无从建立起能够强制他人服从的普遍而完备的手段。这反而为制度的良性选择提供了更大的弹性空间，矛盾不会被激化到要将对方"除之而后快"的极致状态，政治对抗通过微小的改变即可调整，于是以妥协的方式不断选择各方均能够接受的权力规则和治理模式在英格兰成为可能。应当说，封建贵族、教会、国王之间的多元对抗与妥协，是中世纪欧洲的普遍特征。只是在大陆国家，包括宗教界和世俗界在内的多种社会因素"不是齐头并进的，而是首尾相接的"。英格兰的情况则与此不同，这里"没有一种旧因素彻底消亡，也没有一种新因素彻底胜利，或者某一种原则取得了独霸优势。各种力量总是在同时发展，多种利益和要求总是在折中调和"，即使是在君主制如日中天的都铎王朝，我们也会"看到民主原则、公众力量在同时兴起和壮大"[①]。

[①] 基佐：《欧洲文明史》，转引自马长山：《国家、市民社会与法治》，商务印书馆2003年版，第103页。

二、王权的兴起——从"第一贵族"向国王的转变

1. 诺曼征服前的英格兰政治结构

在日耳曼部落盛行的早期欧洲社会,施王政之道的国王(kingship)并不被认知。最高的部落首领(无论是 principes,还是 dux)都是由部落大会直接选举产生的。关于国王的最初称谓大概是 rex,它的出现已经具有与单纯的部落首领不同的内涵,即在选举 rex 时,人们开始关注候选人所具有的特定身份,开始强调他必须具有不同寻常的品质。这样的认同起初往往是在对外征战中获得的。伯尔曼认为:在基督教教义尚未形成法律体系之时,基督教对于将统治者从一个部落首领改变成国王(rex)也起了很大的作用。[①] 在英格兰王国形成的最初阶段,部落首领逐渐转变为新兴的贵族,与此同时,在战争中由部落联盟推举的领袖则转变成为建立在新占土地之上的王国统治者——国王,他不再由部落成员直接选举产生,而是由王国新贵们组成的国民大会(National Assembly)选举产生。随着对外征战和王国疆域的扩大,国王获得了巨大的荣誉,他不仅是王国的首领,而且在名义上成为王国所有土地的拥有者和正义之源,掠夺所得的土地也开始以他的名义分封给战争中那些忠诚的追随者。但是这种荣誉却未能给国王带来与之相应的权力。建立在土地分封制度基础上的治理方式,不断地为国王制造着潜在的对手。虽然所有的人都可以被要求宣誓效忠国王,但是真正关系到他们切身利益的却是近在咫尺的领主,而不是遥远的国王(king is distant, but lord is near)。此时的英王只是地方诸侯名义的领袖,国王的权力限于自己的王室领地,其他封建主在各自的领地内拥有与国王几乎同样

[①] 哈罗德·伯尔曼:《法律与革命》,贺卫方、高鸿钧等译,中国大百科全书出版社1996年版,第79页。

的权力,从这个意义上讲,甚至可以认为国王只是诸侯中的一个,可能还不是最大的一个。正如梅特兰所言:间接选举而非世袭产生的国王与其说是普遍自由的象征,不如说是英国早期宪政的弊端和封建主义潜在危害的标志(the fact that the kingship is not strictly hereditary but elective, is really rather a mark of constitutional weakness, of a dangerous feudalism than of popular liberty)。① 因为这里缺少一种遵法的制度安排。中央权力的设置只是地方诸侯松散的联合体。尽管各方可以就一些共同关注的问题,通过协商,以法律的形式规定下来,但是由于没有一个能够凌驾于诸侯之上的中央权威的支持,法律的保障实施就只能求助于地方的自愿行为。

征服者到来之前,至少从理论上讲,由国王、地方诸侯和王国贤哲们(witans,意指那些掌握王国智慧之人,其中许多是教士,因为教士是那个年代中唯一开化的阶层)组成的国民大会拥有广泛的权力。它是一个集王国最高立法、司法和行政管理职能于一身的机构。国民大会可以发布法令;任命地方官员和主教;分封公共土地;征税;决定对外战争和媾和;设立民事刑事的终审法庭;甚至有权选举和罢免国王。② 但是实际上,国民大会处理的事务十分有限,立法和征税只是偶尔发生,中央王室的收入主要来源于王室属地的土地收益。政权下移、国王统而不治是这一时期英格兰王国的主要政治特征。

2. 王权的兴起

诺曼公爵威廉征服英格兰后,极大地拓展了王室属地的面积,大约是忏悔者爱德华时代的两倍。征服者保留了全国可耕地的 1/6 左右,王室庄园遍布各地;除此之外,国王还将全国所有的森林归为己

---

① F. W. Maitland, *The Constitutional History of England*, Cambridge University Press, 1920, p.59.

② Ibid., p.58.

有，据说是为了满足打猎的狂热，因为"他爱那些高大的鹿，如同他是它们的父亲"①。但是在那个土地就代表权力的年代，作为精明的国王，威廉显然更为看重的是这些土地和森林的丰富蕴藏。他十分清楚这对于增加和保证王室收入的财政意义。积累的王室财富构成了王权兴起的基础，虽然王位世袭制度直到亨利三世之后才成为了一个明确的法律概念，但是继承土地实际上就已经等同于对权力的继承。

　　威廉一世自称是忏悔者爱德华指定的王位继承人，但是根据英格兰的法律，国王应由选举产生，这样看来由英人推选出的哈罗德似乎比威廉更有资格成为英格兰国王。然而，赫斯汀斯战役的胜利改变了一切，威廉凭借着胜利者的气魄和炫耀的武力，迫使那些还处于混乱和惊慌失措之中的贤哲们接受了既成的事实。虽然王位世袭的法律概念和制度并不是威廉征服直接可见的法律效果，但是对王位选举制度的摒弃和破坏却已经昭示了一个新的独立王权的出现。威廉的一些继任者如威廉二世卢弗斯（Rufus）、亨利一世（Henry I）、斯蒂芬（Stephen）也曾宣称自己是经选举成为国王的，但是应当看到选举的实质性权利在当时已经不复存在。通常选举所表达的只是对新国王即位的一种事实认可，而且这绝非是必经的法律程序，选举只在产生继承争端时才被拿出来用于证明王位继任的合理性。从这个意义上讲，英格兰君主制度肇端于威廉征服。这一法律变革使王得以摘掉"第一贵族"的头衔，转而戴上了象征世俗最高权力的王冠，从此国王的权威不再是"等级的权威"，而成为不根植于任何等级特权之上的传统权威，这一对立进一步引发了国王与贵族（封建权威）、教会权威之间持续不断的冲突。

---

　　① 阿·莱·莫尔顿：《人民的英国史》，谢琏造等译，生活·读书·新知三联书店1976年版，第77页。

第二章 封建制度与王权

一、封建制度：一个无法回避的话题

封建制度（Feudalism）一词源于拉丁文"Feodum 封土"。它是 16 世纪欧洲大陆历史学家通过研究中世纪早期社会的政治法律制度（如意大利著名的伦巴第《封土之律》）而抽象出来的概念，但是后来却越来越多地用来研究 15、16 世纪业已变得十分复杂的社会制度。这一趋势导致了封建制度概念内涵的极度膨胀，就像是一个贴着廉价标签的筐子，可以随意塞进任何东西。在英格兰，16 世纪著名普通法学家柯克的鸿篇巨著对"封建制度"还只字未提，但是当斯佩尔曼（Spellman）将"封建"一词引入，并经马丁·怀特（Martin Wright）、布莱克斯通（Blackstone）等人推广使用后，封建制度俨然已经成为一门正统学说。[①] 因此，即使梅特兰称"封建制度"是一个"不幸"的字眼[②]，但是现在似乎很少有人在评述英格兰中世纪法律制度时能够挣扎出这个泥潭。

封建制度向我们提供了一个考察特定国家地区组织形态的学理模式。但是历史的差异性——特别是自 11 世纪以降，欧洲教会权威的确立——决定了我们不可能将欧洲早期政治生活纳入到任何一种整齐划

[①] F. W. Maitland, *The Constitutional History of England*, Cambridge University Press, 1920, pp. 141—143.

[②] Sir Frederic Pollock and Frederic William Maitland, *The History of English Law before the Time of Edward I*, Cambridge University Press, 1968, pp. 66—67.

一的图景之中,更没有必要为研究对象生硬地贴上或摘掉封建制度的标签。在本书中,封建制度仅仅作为用来分析研究 11—13 世纪英格兰社会制度变迁的参照系,正如在物理实验中,为了描述一个运动物体的运行轨迹和状态都必须确立一个相对固定静止的参照物一样。通过比较分析,我们可以看到:一方面,威廉征服为英格兰注入的一种最高权威——王权的观念,正是借助建立封建土地法律关系来实现的;但另一方面,征服者同时又在社会体系内部瓦解着英格兰的封建格局,正所谓"衰败始于发展之际"(decay beginning before its growth)。[1]

二、作为一种治理模式的封建制度

尽管对于不同国家封建制度效应有着不同的视角与解读,但不应否认封建制度与欧洲中世纪普遍盛行的土地分封密切相关,因此它首先表现为围绕土地分封展开的一种封建土地关系结构。国王处于这个结构体系的最顶端,附着特定封建义务的土地首先是以国王的名义分封给直属封臣(vassal),他们在封建土地关系结构中,构成了位列国王之下的第一土地保有人。鉴于,土地是这个时期决定一个人身份地位的主要因素,因此作为拥有大片土地的第一土地保有人通常领有贵族的头衔(baronage)。国王的封臣为了实际履行其负担的封建义务(当然也可能是基于有效管理的考虑),他们进而会以"封主"(Lord)的身份将受封土地进行再次分封。理论上,这样的分封可以由封主的封臣继续下

---

[1] 基于封建制度这一空泛的概念,我们甚至可以认为在所有欧洲国家中,英格兰是封建化最完善的地方,但从另外一个角度看,英格兰可能又是最低限度推行封建化的国家。征服者威廉为英格兰引入封建制度的同时,又在破坏着这一体系。"The phrase has become for us so large and vague that it's possible to maintain that of all countries England was the most or for the matter of that the least, feudalized; that William the Conquest introduced or for the matter of that suppressed the feudal system." See F. W. Maitland, *The Constitutional History of England*, Cambridge University Press, 1920, p. 143.

去，直至处于结构最底层的土地租佃者/佃农，他们通常对土地具有人身依附关系。逐级分封土地的直接结果是：整个社会在这个过程中均被型构成一个垂直分布的树状关系结构。除国王外，每个分封土地的人都兼具两种身份——上位封主的直属封臣及其下位封臣的封主。在以土地为万物标尺的时代，上下垂直的土地关系向度奠定着整个封建社会关系的主线。

土地不仅是一种财富，更代表着一种权力；因此土地分封的过程也是权力分配的过程，从这个意义上讲，封建制度体现了人类社会在特定时期的一种治理模式，治权与私权统一、垂直分层管辖是其最基本特征。其间，封臣以宣誓效忠和承诺负担一定封建义务（主要是封建兵役）作为取得封地的条件，封主则要为封臣提供相应的保护，这种以土地为纽带的保护、效忠和服役的封建关系常常被归结为一种封建契约关系。但实践中，封建关系的维系主要依靠的是封建管辖权原则，即封臣应当接受封主的管辖——每一个封主都有权设立封建法庭，对其下位的土地保有人或租佃人行使管辖权，亦即，第一土地保有人应诉诸国王的法庭；反过来，第一土地保有人将设立领主法庭（baron court）对次级土地保有人实施管辖；处于最底层的租佃人或者土地保有人则应接受其上位土地保有人设置的庄园法庭（manorial court）的管辖。在封建体系中，国王的直属封臣、第一土地保有人处于中枢地位。一方面，国王要依靠他们实现王国的治安管理——按封地将王国划分为若干部分，由国王的封臣分别治理——这似乎既是基于土地分封自然而然的结果，又是国王可以选择的最简单易行的治理模式。另一方面，在土地权能和封建管辖权的高级属性上，国王的直属封臣也往往具有其他土地保有人所不具有的超然地位。因此，在封建法律范畴内，这些大地产者又被称为"封建领主"，享有"领主管辖权"（seignorial jurisdiction）。

在论证封建制度的政治效应时，封建契约论者，如英国史学家

R. W. 卡莱尔等人强调"封建制度实质上是一种契约制度"①,它体现了封主与封臣之间以效忠保护为内容的、双向互动权利义务关系。据此,封主被要求公正无私地进行统治,对其封臣尽保护责任,同时又赋予封臣适当的反抗权,用以纠正封主偏离契约的行为。封建契约说将从近代宪政主义历史观借鉴而来的社会契约观念大力阐发,将封主封臣之间本来并不对称的权利义务关系视为能够制约双方的权威性约定,过分渲染了封建契约效力。正如科恩指出的,将封主封臣之间的紧张关系粉饰为类似私人契约中的简单共存,认为契约本身就能够提供出权力制衡所必需的全部社会基础纯粹是一种乌托邦式的理想。事实上,权力的排他性不可避免地会在王权与领主权之间引发紧张关系。与之相应,封建政权分割说则强调封土制所导致的土地所有权和国家政权的同步分割以及公共权威的碎化和下移②——王权被限制在王室领地内,封建领主却通过分享权力而成为各自领地的实际主宰,由此形成了王权孱弱、封建割据的无政府状态。应当明确,封建制度是人类在特定历史环境下作出的制度回应,它体现了某些社会合理化因素,至于后期所产生的秩序危机也并非一开始就显露无遗,只是随着王权与领主权内在紧张关系的不断加剧以及缺少解决危机的有效手段,才最终导致秩序崩溃,进而促使人们寻求更为合理的治理手段。还有的学者甚至

---

① 孟广林:《英国封建王权论稿》,人民出版社2002年版,第11页。
② 同上。依据这一学理模式,西方的中世纪政治史学者一般只承认9—13世纪的西欧王权为封建王权,认为在此之后的则是君主制。"分而治之"的封建政治组织形式体现了中世纪早期欧洲社会的基本特征,它明显不同于15世纪之后欧洲大陆逐步强化的君权政治。其中,王权在国家治理实现形式上的差异性是两者最鲜明的区别。中世纪早期,国家治理机构相当粗陋。国王虽然享有封建宗主的权威,戴着王权神授的光环,但是在实现对国家的治理上,却不得不依靠封建领主——国王的直属封臣——对王国进行分治。与此同时,分治所附带生成的封建政治离心力却又不断地阻却着中央王权对地方事务的干预,并在王权和领主权之间制造着紧张状态。相比之下,在一些欧陆国家(如西班牙、法国)15世纪后推行的君权政治中,国家权力呈现出集权的趋势。国王不但是国家最高公共权威的象征,更重要的是,在权力组织形式上,行政、司法、财政、军事等诸方面统治大权开始围绕国王展开,并交由一支向国王负责的国家官僚机构来执掌。用官僚政治取代封建治权分割的路径成为人们解决王权与其他地方权威紧张关系,回应结束分裂、构建统一秩序的通常手段。

认为,某些地方的封建制度是中央集权化的产物,英格兰就是其中一个最为典型的例证。

三、诺曼征服与英格兰的封建化

诺曼底公爵威廉是隶属法兰克王国的一支,但是他却以前任英王爱德华指定继任者的身份向英格兰主张王位,因此在威廉看来,继任英格兰国王只是在实现他个人的权利,与法王无关。威廉称王事实上提出了一个封建法律范畴根本无法解释的问题,即一位英格兰国王如何以封臣的身份向海峡另一边的法兰克国王履行效忠义务(特别是当他们发生冲突的时候)?但是另一方面,威廉征服为英格兰注入的一种最高权威——王权的观念,恰恰又正是通过建立封建土地法律关系实现的。

诺曼征服者没收了所有公开反叛者的土地,这使得威廉拥有充分的机会以最高土地所有者的身份安排封建式的土地关系。除了王田之外,威廉按照封土制原则,将土地作为"战利品"分封给追随他的诺曼贵族以及身边的扈从。受封者变成了英格兰新的封建主,他们以承担兵役为主向封君威廉效忠尽责。其他归降的盎格鲁萨克逊贵族虽然保留了原有的土地,但也必须奉威廉为封君。当土地分封成为一种普遍现象时,由此产生了国王是全部土地所有者的观念,这进而成为不久之后著名的英格兰全国土地清查运动①的起点和成果。土地清查以书面形

---

① 为了加强对英格兰的控制,威廉实施的一项最著名的措施就是进行全国土地清查。1085年,威廉在格罗斯特展开会议,"然后派遣他手下的人到英国每个郡中去,要他们调查各郡有多少海德土地,国王本人在全国有多少土地和牲畜,他在各郡一年内可得多少收入。他还要求记下他的大主教有多少土地,以及他的主教、修道院长以及伯爵有多少土地。更详细地说,就是在英国占有土地的每个人都有些什么以及各有多少,有多少土地以及牲畜,它们都值多少钱。他进行的调查十分仔细,没有1海德或1码土地,1头牛或1头猪被遗漏而没有记入纪录。全部记录之后都交给了国王。"参见马克垚:《英国封建社会研究》,北京大学出版社1992年版,第61页。

式确认了土地领有的公式:"某人向某人……向国王领有土地"①,结果,每一块土地(包括:教会土地)都被当成从国王那里得到的封土。因此,可以说威廉征服客观上造就了:由一位国王在短时期内,全面构建以土地分封为基点的封建土地关系的契机,而且如果仅从土地关系结构分布上看,英格兰甚至可以说是欧洲封建化最完善的国家②,因为每一块土地都被纳入到这个体系之中,而国王是王国所有土地终极保有人的观念也在诺曼征服后成为英格兰土地法中的一项原则。③但是在英格兰,能够从"普天之下,莫非王土"引申出来的专制主义危害,并没有衍生出现实的制度安排。英格兰的法官律师却从未用文字将这一原则拓展为一套明示的法律制度。事实上,直到亨利二世创建王室法院之后,土地之诉的中央司法管辖才逐渐成为一种制度化的安排,而此时,国王所能够做的也只是在不危及领主现实经济利益的前提下,维系世代习惯所形成和确认的土地占有关系。王国中各种力量相互博弈最终决定着从法律观念的输入向现实制度转变的结果。

四、英格兰对封建制度的背离

威廉应当十分清楚封建制度对王权的潜在危害,他本人就是一个实例。7岁继公爵位的威廉,在幼年时期曾饱受公爵领内贵族对其封主权威的公然挑衅以及他们相互对峙、搏杀为诺曼底带来的动荡与不安。

---

① Sir Frederic Pollock and Frederic William Maitland, *The History of English Law before the Time of Edward I*, Cambridge University Press, 1968, p.232.

② "我认为我们可以这样说,英格兰是所有欧洲国家中封建化最完善的国家"(I believe we may say that of all European countries England was the most perfectly feudalized)。在同期的欧洲其他王国,教会土地以及许多自有地是很难被纳入封建土地体系中的,因为这些土地主对土地权益的享有不是基于国王的封建分封产生的。See F. W. Maitland, *The Constitutional History of England*, Cambridge University Press, 1920, p.156.

③ Ibid., p.155.

当威廉借助武力于1047年击败叛军,巩固地位之后,羽翼丰满的他却又力图摆脱法王的臣属关系,并在1053年成功击溃王军。① 随着法兰克王国的分裂,中央权威名存实亡,公爵威廉与法王之间剩下的只是名义上的关联。公爵领地的全部控制权均掌握在威廉和他的法庭手中。当诺曼征服使威廉也变成一位国王时,他一定不能容忍幼年的经历和法王的衰败在自己的身上重演。切身的经验和对王室命运深谋远虑的思考,使威廉在征服之初,便着手避免封建割据危害的产生。

(一)地方的法律设置

1. 先天不足的封建管辖体系

作为封建法律制度的一个宽泛的原则是:每一个封主(lord)都有权设立封建法庭,对其下位的土地保有人和承租人行使管辖权。尽管相关的土地保有人都会出席封建法庭,但最初这是一种义务或者负担②,因为这表明他们同意接受管辖,并且要为此自担费用。在封建法庭中,处于中枢位置的是封建领主法庭(seignorial court)。封建领主管辖权(jurisdiction)与土地权利(ownership)最初是相互混同的概念,二者共同构成了领主权的内涵。虽然作为物权概念的"所有权"并不属于那个时代,但是与所有权具有的排他性类似,封建领主管辖权在更大程度上可以被当成一种绝对权力来认识,即领主有权对其领地内所有的人和物实施管辖,或者也可以表述为,领主权是对下位权利给予法律保护的渊源。③ 在英格兰的历史中,封建管辖原则直到13世纪仍然是一项普遍的法律原则,但是实践中,这一原则是否曾经衍生出一种绝对的或者完全的权力则是另外一个问题。毕竟,完备的等级制封建司法管辖体系

---

① 参见孟广林:《英国封建王权论稿》,人民出版社2002年版,第64—65页。
② 出席封建法庭是占有土地的附带义务。
③ S. F. C.密尔松:《普通法的历史基础》,李显冬等译,中国大百科全书出版社1999年版,第101页。

从未在英格兰成为一种普遍的法律现象。

（1）土地分封与封建法庭的设置。征服者威廉在分封土地过程中，将原来英格兰贵族保有的大片土地重新分割成数量众多但面积有限的份额。结果，第一土地保有人不再像诺曼征服前主要由少数一些大地产所有者组成；现在他们更大程度上代表了一个庞杂的群体，即直接从国王那里受封土地、保有一个封建庄园、承担一份封建兵役的土地保有人。① 对于这些第一土地保有人而言，他们所设立的封建法庭在规模上与封建庄园法庭别无二致。而对于位列第一土地保有人阶层中的少数大地产保有者（教俗贵族 ecclesiastic barons and lay barons），由于诺曼征服是逐郡没收英格兰贵族土地后同步进行分封的，因此大多数情况下，他们所保有的土地不是连成一片，而是由分布在几个郡内彼此孤立的土地构成的。虽然这些大地产者下设许多封建庄园（manor），但是受制于领地分布状况，他们对不同封建庄园的控制方式和程度具有明显的差异。在常驻领地，封建管辖原则获得了更好的推行，他们通过领主法庭对封建庄园实施管辖。但是对其他领地，由于领主经常缺席，实际的控制力度就变得十分有限了，在这里，发挥主要作用的是封建庄园法庭。土地的分割及布局直接制约了地方次级封建体系层级化、组织化的形成和发展，以致领主法庭未能在整个王国土地上建立起来一个体系，它们只是零星地散布于某些地方。② 当然不论是哪一种封建法庭，理论上讲都可以被认为是领主的法庭，因为只要领主愿意，他可以亲自把持其属地内的任何一个封建法庭，过问他所关心的案件。

---

① "There were a large number who held single knight's fees and single manors held directly of the king." See F. W. Maitland, *The Constitutional History of England*, Cambridge University Press, 1920, p.61. 后来所谓的贵族阶层 baron 也只是国王赐予的对那些少数拥有较多土地的第一土地保有人的荣誉称号。

② Sir Frederic Pollock and Frederic William Maitland, *The History of English Law before the Time of Edward I*, Cambridge University Press, 1968, p.531. 按照梅特兰的估计，领主法庭只存在于少数几个享受王室权利的巴拉丁领地/郡，如切斯特（Chester）和达拉谟（Durham）。

（2）缺少制度需求的紧迫性可能是另外一个限制性因素。没有充分的资料能够准确而详细地描述诺曼征服前英格兰的封建化程度。普遍的观点认为，在诺曼征服前英国社会的封建化进程已经开始，从社会变迁的角度看，标志封建社会性质的诸多现象在英格兰均已出现。① 但是，这一切也仅仅停留在初始阶段，因为作为封建制度基石的土地直到12世纪末还不是紧缺的社会资源，也不存在着十分紧张的封建土地保有关系，以致必须发展出一套完善的封建管辖制度来加以调整。长子继承制度（Primogeniture rule）是在诺曼征服后很长一段时间里才缓慢发展起来的。根据当时英格兰既存的法律，死者所有的儿子都有权分得他的财产和土地。从《格兰维尔》中，我们可以知悉，直到12世纪末长子继承制度仍然是一种新的制度，因为对于长子在被继承人之前死亡，其子嗣是否有代位继承权这一最基本而简单的法律问题，英格兰仍未给予过必要的关注。②

到了13世纪，大而富有的修道院的通行做法是，在每个封建庄园设立一个法庭（halimoot），另外在这些封建庄园法庭之外，成立一个由主要的自由保有人组成的核心法庭，即自由保有人法庭（Libera Curia）。在普通法后来的发展中，前者发展成了习惯法庭（customary court），后者则被冠以领主法庭（the court of baronies and honours）的称号。③ 在习惯

---

① R. C. Van Caenegem, *The Birth of the English Common Law*, Cambridge University Press, 1973, pp. 1—2.

② 即 A 有两个儿子 B、C，如果长子 B 在 A 生前死亡，但留下其子 D，那么当 A 死亡时，C 和 D 谁享有继承权这样的问题，12 世纪末的英格兰并未给与过必要的关注。参见 F. W. Maitland, *The Constitutional History of England*, Cambridge University Press, 1920, p. 91。

③ 1258 年，牛津会议（the Oxford Parliament），贵族们呈交的请愿书中认定三级上下叠置的封建法庭并不在少数。但是另一边又有自由土地保有人对 Peterborough 修道院院长禁止他们为其佃户设立法庭的控诉，而这被认为是经法律与习惯确认的管辖原则。参见 Sir Frederic Pollock and Frederic William Maitland, *The History of English Law before the Time of Edward I*, Cambridge University Press, 1968, p. 586。

英格兰的早期治理

法庭中,领主的管家是唯一的法官①;而领主法庭则在领主主持下,由自由土地保有人充任法官。封建庄园法庭发生的疑难案件有时会交由后者处理,但是两者之间并没有正式的程序关联。也许领主们希望取得上诉管辖权,或者说对纠正错误判决的管辖权(jurisdiction in error)。如果封建管辖权原则能够得到充分运用的话,那么这一要求并不为过,但是事实并非如此,在激烈的斗争后,只有王室法院才有权审理对不公判决的控诉。因此总体上讲,英格兰的地方封建管辖等级设置十分有限,梅特兰认为这里的封建法庭主要是封建庄园法庭②,在实际操作中,我们也很少听到高级封建法庭这样的概念。

2. 多元化的地方法律设施

诺曼征服者从一开始就不是按照纯粹的封建管辖原则以及通过简单的复制封建体系来对王国进行治理的。虽然,英格兰同样被划分为大大小小的领地,那里的封建领主仍然管辖着主要的地方事务,但是封建法庭却不是唯一的治理机构,郡法院、百户邑法庭等地方社区法庭以及大量的特许法庭与封建法庭一同并行于王国各地。威廉一世入主英格兰伊始,便求助于当地古老的、尚未退去部落文明色彩的法律设施——郡法院和百户邑法庭,在庞杂的王国第一土地保有人之间,以及他们各自的封臣之间,建立横向联系,要求他们协作共同治理王国地方事务。这一巧妙的安排很大程度上限制了彼此割裂的封建次级体系的形成。这大概是英格兰与欧洲大陆国家在地方法律设置方面最为显著的差别。在欧洲大陆封建化进程中,例如10、11世纪的法兰克王国,百

---

① 此时,领主的管家Steward已经不再是纯粹意义的领主家庭中高级侍从。许多领主的管家都是由兵役土地保有人来担任的,而当后者逐渐被确认为自由土地保有人之后,管家甚至成为一种可以继承的职位和身份。

② "What's more, the feudal court is generally a manorial court." See Sir Frederic Pollock and Frederic William Maitland, *The History of English Law before the Time of Edward I*, Cambridge University Press, 1968, p.585.

户邑法庭和郡法院等地方公共集会和法律设施大都为封建法庭所取代①；但是英格兰的情况却与之不同，在王权的支持下，社区法庭得以与封建法庭长期共存、相互竞争。据说这是诺曼人在兑现遵守英格兰法律与习惯的诺言；但也未尝不是基于对现实状况和自身利益权衡后作出的合理安排。特别是身处那样一个因为民族语言差异而充满抵触和排斥情绪的环境中，为了维系少数征服者的统治利益，强调协作成为必须，而郡法院、百户邑法庭则在各自的层面上提供了这样的平台。至少从形式上讲，各郡所有的第一土地保有人都要出席郡法院，次级土地保有人、乡镇治安官、联保户的主保人则要出席百户邑法庭共同处理地方事务。当这些与封建制度根本冲突的原则被塞进地方政治生活中时，横向的社会关系发端于社会的不同层面，并从内部不断地冲击和瓦解着纵向分布的封建关系格局。

（二）管辖权的竞争

1. 蹈出封建藩篱的治安管辖权

维持秩序、制止犯罪是任何国家治理的首要课题，而国王整顿郡制的一个重要效果就是要求按照郡、百户邑的建制安排治安体系。因此，作为诺曼征服后王国最主要的法律设施，刑事管辖权主要是由郡法院和百户邑法庭来实施的。②虽然这些社区法庭早先处于地方贵族的控制之下，但是从郡法院、百户邑法庭的人员构成和运作方式上看，其管辖权已经脱离纯粹的封建范畴，它是一种被分享的权力，体现了国王治理的意图。当国王的地方代理人郡长逐渐排挤掉地方伯爵成为郡法院的主持者后，地方领主对刑事管辖权的主张就只能通过从国王那里购

---

① 哈罗德·伯尔曼：《法律与革命》，贺卫方、高鸿钧等译，中国大百科全书出版社1996年版，第375页。
② L. B. Curzon, *English Legal History*, Macdonald & Evens Ltd., 1979, p.151.

买特许权或者以其他方式将百户邑法庭据为己有来加以实现了。

在地方除了封建法庭和郡法院、百户邑法庭等社区法庭之外,还并存着大量由私人掌管的特许法庭(Franchise Court)。采邑刑事法庭(the leet)便是其中之一。它是基于国王对联保制进行审查的授权(view of the frankpledge)而由领主行使管辖权的法庭。联保制是国王推行的一种治安管理措施,因此,相应的刑事管辖权成为这一特许权的附带权力。采邑刑事法庭主要负责轻微违法行为的控告和惩罚。在一些情况下,领主可以作出严厉的处罚,如对偷盗者实施绞刑。但是此时刑事管辖权已经不再是公认的封建原则的产物,因为它的取得必须得到王室的特许。

在地方法律设施最终控制权的争夺上,国王和领主都不能算是胜利者。国王的地方代理人制度无法获得成功(见本书的第五章);采邑刑事法庭以及大部分百户邑法庭虽然最终落入了私人手中,但是一方面受到郡长巡审制度以及巡回审判制度持续的干涉——每当郡长进行巡审或者巡回法官到来时,他们都将对那些涉及"王之和平"的案件进行管辖;另一方面,在国家军备建设的进程中,治安职责逐渐落到了整个乡镇社区的头上(见本书第四章),在这些内外因素的共同作用下,百户邑法庭和采邑刑事法庭的制度价值也被一点点地蚕食掉了。到了14世纪,它们已经变成了一种"没有实体(incorporeal)"的设置。

2. 土地争议的管辖

从许多方面看,领主权都具有一种排他性效力。正如前面提到的,领主的封地是公认的世袭领地,对此除了履行宣誓效忠——这些功利而又伪善的仪式以及为继承其先辈职位向国王交付一笔纳献(relief)之外,国王似乎就不能再要求什么了。虽然土地附着着各式各样的封建义务,当土地保有人不按约定向其封主履行义务时,封主有权没收土地,但是在国王那里,这一封建法则更像是一种例外,领主的地位如此重要和显赫,以致通常只有在领主犯下重罪的案件中,我们才能看到国王实际行使这一封主权利。相比之下,由领主再次分封的土地,却只是一种终身土地保有权(Life Estate),这种权利并不包括必然的可继承性。当土地保有人去世后,他的继承人不能自动取得土地,而必须到领主那里履行纳献和效忠仪式,再由领主决定是否接受其效忠请求并授予土地。在这个过程中,领主完全有机会安排新的土地保有人。如果没有外部干预,那么毫无疑问,领主的法庭是判断土地保有人是否按规定履行封建义务以及争议土地归属的唯一权威机构。而没收土地财产则是发生在这些小土地保有人身上更为经常的惩罚性措施。当决定土地归属和诠释封建义务成为领主常规性的管辖权能时,土地保有人及其后代的全部生存机会也就掌握在了领主手中。然而,在英格兰,国王的干预却在以一种看似平缓的方式避免了领主权绝对化这一极端状态的出现,甚至到了后来,土地管辖权竟然变成了一种领主"漠不关心"的司法利益。

(1)土地继承之诉

随着社会的发展进程,各式各样的封建义务被附加到了土地之上:纳献金、婚权、监护权、封建贡金、免服兵役税等等。在这方面,英格兰土地保有者的负担并不比欧洲其他地方为轻。但是他们的土地关系上却保持了相对的稳定性。对于普通民众而言,这一点更为重要,因为在那个年代,失去了土地就等于丧失了生活源泉。这一方面可能是因为诺曼征服后英格兰土地资源相对于有限人口而言并不紧缺;而王权与领主权较量和妥协中所形成了一种双层平衡的权力格局①,却是意义更为深远的制度因素。

王权的兴起使国王开始有资本向领主提出更多的要求。威廉二世

---

① 同样的效果也体现在封建兵役的履行上,有关内容将在本书第四章国王的军队中加以介绍。

英格兰的早期治理

William Rufus 曾坚持领地的继承人必须用钱重新购买其先父保有的土地；即使是新任的主教、修道院院长也必须重新购买其前任保有的教会土地。① 显然，Rufus 的主张意在将领主归结为终身土地保有人（life tenants）。但是王位继承上的纷争，很快就使国王放弃了这一侵犯性的主张。亨利一世（Rufus 的兄弟）继位后，当即宣布："王国中任何的伯爵、男爵或者其他土地保有人死亡，其继承人均无须赎购其继承的土地，但是应当通过缴纳一笔公正合法的纳献金来实现权利的承续"（If any of my earls, barons, or other tenants shall die, his heir shall not redeem his land but shall relieve it by a just and lawful relief②）。在这里，国王明确承认了土地的可继承性。不同的是，此次他将这一恩惠扩大到了全体土地保有人（而不仅限于领主）。对于英格兰土地制度的发展，这一转变具有重要的里程碑意义。当国王与领主之间的封建土地关系被国王确定为法律关系的样板，亦即在土地关系的调整上，领主对其下级土地保有人能够主张的权利应与国王对领主享有的权能相同时，一种双层平衡的权力格局开始形成了。在这场斗争中国王似乎并没有损失什么，但是领主们却从此不得不将自己也置于这一习惯义务的约束之下，同国王一样，领主在收取土地继承所产生的纯粹经济利益之外，法律上似乎就不应再对土地占有关系的延续进行干涉了。当然，在亨利二世创设收回继承土地之诉的巡回审判（the assize of Mort D'ancestor）之前，这还只是一种期望，但是如果当事人在领主法庭拒绝其合理的继承请求后可以转向王室法院寻求救济时，土地继承也终将转变为一种被保障的权利。在收回继承土地之诉中，领主的态度不再构成审理的障碍，人们更关心的是谁对争议土地享有更为充分的继承权利，即使王室法院

---

① F. W. Maitland, *The Constitutional History of England*, Cambridge University Press, 1920, p.159.

② Ibid.

作出了与领主法庭完全相反的判决,他们也可以理直气壮地宣称,判决没有侵犯"领主权",他们所作的只是在尊重和维系古老的习惯。然而,正是这看似公正谦逊的司法救济却在波澜不惊中剥夺了领主在土地传承中的实际作用。在普通法的话语中,人们最经常提及的是习惯而非法律,但是与我们想象中的自发生活规则不同,这里的习惯在实质上更像是国王与领主之间斗争妥协的产物,体现了权力相互约束的长期性效果。而当土地继承渐进成为一种世代相联不受干扰的过程之后,领主连在土地授予中的礼仪性角色都变得不那么重要的时候,封建领主的概念就此终止。

(2) 土地侵占之诉①

除了对土地继承的干预之外,收回新近侵占土地之诉(the writ of novel disseisin)为王权与领主权的竞争提供了另一个重要的舞台。

"国王命令郡长:汤姆向我控告,在上一次巡审之后,迪克不公平地在未经审判的情况下,强占了他在某地的自由保有土地。所以,你应该将被扣押的家畜送回到那块土地上。这件事情的处理,应该于某日在12个守法臣民面前进行,以使其得到验证,特传唤迪克或其管家前来接受听审。"

以上就是收回新近侵占土地之诉令状的主要内容。根据密尔松的研究,早期王室法院审理的此类诉讼主要是针对领主没收土地的行为而展开的,几乎所有案件的被告都是领主或者是领主的管家、管事。鉴于诉讼当事人不平等的主体地位(原告是被告领主下属的土地保有人),早期诉讼并不是民事意义上的纠纷,实质上,它是对领主没收土地这一惩罚性管辖权(disciplinary jurisdiction)的挑战。因此,呈现出对抗

---

① 参见 S. F. C. 密尔松:《普通法的历史基础》,李显冬等译,中国大百科全书出版社1999年版,第143—149页。Also see S. F. C. Milsom, *The Legal Framework of English Feudalism*, Cambridge University Press, 1976. pp. 1—36.

领主权的鲜明特征。然而整个过程却表现得十分含蓄,最初王室法官并没有直接限定领主管辖权的范围,而只是要求领主在行使权力时应当遵循适当的程序。1200年左右幸存下来的一些记录表明,当事人在诉讼中极力证明的要点是行为方式的正当性。更令人惊奇是,这些类似的案件记录发生在英格兰的不同地方,根据这些资料我们大体可以推断出,在普通法初期,一个次级土地保有人接受领主裁判时通常面临的法律后果及救济方式。

在王室法院中,作为被告,领主将答复对他滥用权力的指控。虽然领主会指出:没收土地是在原告土地保有人没有履行封建义务的情况下由他的法庭判决的,但是这并不充分。王室法院格外强调领主在没收土地的时候应当遵循习惯。我们无法知道这些习惯在多大程度上是预先设定的,因为在王权进行干预之前,地方习惯至多是一种随意性的安排,即使领主回避或者废弃了其中的一些环节,也没有人能够要求他进行解释或者对此负责。然而,在亨利二世创设收回新占土地之诉的巡回审判并把作为配套措施的陪审制度推广使用后,借助陪审员(recognitor)的声音,基于王室法院对习惯的描述,一套有关没收土地制度的轮廓却在具体判例中被勾画了出来。从身份上讲,陪审员与出席封建法庭的土地保有人不应有太大的差异,但是王室法庭的询问却给了他们以更多的机会和勇气表达意愿。他们不仅要证明领主是否侵占了土地,同时还必须集体宣誓证明领主的行为是否符合习惯。当时的法庭记录间接地传递出这一程序性规范的内容,即一个土地保有人经过三次传唤后,如果仍未能出席封建法庭,那么在第四个开庭日,法庭会下令扣押他土地上的动产;这个命令也将被传达三次,如果仍未产生效果,那么土地将落入领主手中;三个开庭期过后,理论上讲,法庭可以命令没收这个土地保有人对土地享有的全部权利,并交由领主处置,后者有权转而分配给其他土地保有人。根据上述程序规范,一旦收回新占土地之诉开始,领主常常需要证明他的法庭是由足够多的土地保有人构成的,因为原则上领主的直属土地保有人都有义务出席封建法庭;如果他的法庭是在原告缺席的情况下作出的判决,那么领主还必须提供曾经传唤原告出庭的证人;即使领主按部就班地履行了所有程序,原告也可以通过宣誓否定他曾经受到过领主的传唤。如此一来,案件的结果经常是领主被要求返还原告土地,然后在他的法庭公正地对待原告。

毫无疑问,直到这一时期(1200年左右),收回新占土地之诉的效用并不是要将领主管辖权取而代之,而只是提供了一个防止其滥用的措施。一俟确定了程序规范,"领主可以通过审判合法地侵占土地"(the lord could disseise lawfully by judgment)便不再是陈词滥调。土地司法管辖权原本是属于领主的一项重要的司法利益。但是,当领主在作出决定之前不得不经历扣押动产、扣押土地以及判决没收土地等三个程序阶段,同时还要考虑事后在王室法院可能负担的证明义务时,原先的利益此时更像是一种繁琐而危险的负担。于是,通行的惩罚性管辖权逐渐变成了一种例外;越来越多的土地争议则干脆被直接留待巡回法院和陪审员进行裁决。在实践中,即使领主判决没收土地,也可能仅仅将其作为压制相关土地保有人的一种手段继续扣押土地,而不是分派他人。结果,公开剥夺土地的形式迅速地消失了,法律程序停留在某种对土地保有权形式上的扣押,到了13世纪这种形式也变得日益稀少了。

土地管辖权能的流失实质上意味着封建管辖原则的崩溃。但是这并不是一场在血雨腥风中的剧变,一切斗争都在潜移默化地进行着,最终的"失败者"也许并没有意识到自己日趋式微。在这里,法律总在被要求以一种收敛的方式适应社会,以此来争取各方对这种制度的依赖——国王的法官们解释法律,而不是创制法律,法律越是古老就越是美好①，但恰恰是这种消极的司法技艺却促成了社会积极的变革。外部王权的干涉无疑是导致这一局面出现的决定性因素之一，但无论如何也不应把这一过程简单地理解为"权力的强夺"，因为领主失去的，国王也没有得到。领主裁判（judged by lords）留出的空位没有被国王的裁判（judged by the king）所独占，在一旁，陪审制度所体现的"同侪裁判"（judged by the peers）才是决定权力天平倾斜的砝码，地方习惯也正是通过他们之手才被带进法律的殿堂并最终转化为一种通行全国的法律——普通法。其间，新的财产学说占有权制度逐渐被确立起来，基于对占有事实状况的保护，人们赋予土地占有以越来越多的独立权能。于是，"自由土地保有人"（free tenant）作为一种纯粹的司法术语开始被王室法官使用，它没有确切的定义，最初指向的只是那些在王室法院控告领主并且获得成功的次级土地保有人（通常是兵役土地保有人）。但随着越来越多的次级土地保有人来到王室法院寻求救济，自由土地保有人开始成为一种广义的概念，相当于非自由土地保有人（unfree tenant）以外的所有土地保有人，由此一个新的土地阶层脱颖而出。他们由于受到王室法院的管辖而逐渐被认为拥有了一种独立的身份，领主也不能随意地干涉他们的事务。理论上，领主的封建法庭对自由土地保有人的司法管辖可以分为对人诉讼和土地诉讼（personal actions and real actions），但是对于后者，王室令状（breve de recto tenendo）成为管辖权行使的前提要件；类似的令状甚至可以轻易地将不动产案件的管辖从封建法庭转移出去。② 对于非自有土地保有人而言，封建法庭的管辖权仍然要广泛得多。它对于佃农土地保有所形成的契约关系拥有最终的决定权③；法庭有权适用封建庄园习惯规则，对维兰（villein 佃农）略施惩戒。

---

① 阿萨·勃里格斯：《英国社会史》，陈叔平等译，中国人民大学出版社1989年版，第57页。
② Sir Frederic Pollock and Frederic William Maitland, *The History of English Law before the Time of Edward I*, Cambridge University Press, 1968, p. 531.
③ Ibid.

第三章　国王与教会

　　权力的相互制约是避免绝对权力产生的前提。对此我们可以笼统地归功于教皇革命后,教俗权力之间 400 年持续冲突的历史。如果教会继续支持受其洗礼的国王掌权,或者该斗争在一场不可分割的胜利中迅速终止,那么整个欧洲都将陷入一种拜占庭或莫斯科式的专制统治。[①] 然而历史境遇却在西方世界造就了两个匹敌的权威。对绝对权力的追逐,让他们激烈对峙,相互攻讦。虽然自由绝非他们斗争的目的,但此时却成为一种手段。世俗的和精神的力量都不约而同地通过它来唤起民众的支持,直至后者强大到足以将他们统统推翻为止,我们可以感受到这一西方世界的总体进路。然而在权力竞争的外在形式上,英格兰与欧洲大陆却呈现出各自不同的态势。在英格兰,各种力量不断妥协的结果是:从 12 世纪后半期开始,一套通行全国的法律——普通法发端于世俗的王室法院,整个王国也逐步被纳入到一个相对统一普通法秩序之中。而与之同期的欧洲大陆,却是教会和教会法独领风骚的年代。宗教对于西方文明独特性的形成具有举足轻重的作用。伯尔曼更是直接指出:西方法律传统起源于一场革命,即 11 世纪的教皇革命。因此,要解读西方法律制度史,必须了解教会权威的确立及其对西方多元政治格局的决定性影响。以此为基础,进一步比较英格兰与欧洲大陆教会组织存在的差异性,则可以帮助我们解释 12 世纪后普通

[①] 约翰·阿克顿:《自由史论》,胡传胜、陈刚、李滨、胡发贵等译,译林出版社 2001 年版,第 31 页。

法与大陆法不同法律治理图景形成的原因。

一、教会权威

(一) 教会独立权威的形成

从西罗马帝国的覆灭到公元第一个千禧年的终结,这是个被称之为"欧洲黑暗时期"的历史阶段。紊乱、无序以及来自东方异教的威胁充斥于整个西方世界。然而对于基督教会而言,这种彷徨不定的社会状况却给他带来了新生,每一次危机似乎都会最终转化为摆脱世俗控制、确立教会权威的发展机遇。正如公元前 2 世纪游牧民族的入侵完成了古代文明到古典文明的过渡一样,3—6 世纪,蛮族的持续性入侵导致延绵数世纪的罗马帝国旧秩序的崩溃,从而结束了古典文明,预告了中世纪教会文明的到来。①

罗马文化湮灭,拉丁文被废弃,陈旧的生活习俗重新复活。当这些只懂得掠夺不懂得建设的蛮族终止劫掠生活,不得不求助于规则而不是武力调整他们的社会关系时,幸存下来的基督教为其提供了基本的社会行为规范。于是,社会的一种至关重要的品质——自我管理和自我控制能力的发展,在移民洪流的促成下,沉淀在了基督教的土壤里。随着蛮族的皈依,基督教及其教会机构成为唯一将四分五裂的欧洲持久地连接在一起的纽带,他们不仅为西方文明延续了理性之光,而且提供了相应的政治组织和团结的基础。在思想稀缺的年代里,正是孜孜不倦的教士阶层将整个西方社会逐步引领入"普世"的基督教文明世界。他们在恢复欧洲秩序方面,完成了世俗君主(无论是查士丁尼大帝还是查理曼大帝)无力企及的伟业,教士也因此成为这个文

---

① 斯塔夫里阿诺斯:《全球通史》,吴象婴、梁赤民译,上海社会科学院出版社 2001 年版,第 310 页。

化帝国中的权威。教会的独立部分还应归功于伦巴第人的武力,正是他们将拜占庭人赶出了亚平宁半岛。而在此之前,"曾经刺穿基督身体的钉子"还只是君士坦丁大帝为实行偶像崇拜,精心设计的装饰。摆脱拜占庭皇帝控制的罗马教皇,此时开始被当作西方诸皇帝的盟友。教皇帮助他们建立秩序,作为回报,西方皇帝帮助教皇反对与之对立的拜占庭势力。①

6世纪以后,大规模蛮族入侵停止了,但西方内部的战争仍不断制造着混乱与冲突,朝代频繁更迭、帝国分裂的现实以及人们对秩序的渴望潜移默化地传递着这样的信念,"国王可以不断变换,而教皇永存"。对"法权虚构"的热衷,使得许多世俗显贵开始从教皇那里寻求牟取国王合法称号的权威来源。尽管最初,这仅仅是一种仪式,但此举却不仅使教皇获得了不菲的馈赠,而且开创了国王即位应受教皇加冕的惯例。10世纪欧洲社会出现的普遍腐化堕落,致使国王和教皇相互合作的关系开始变得无法令人接受。千禧年的末日审判再次激发了"基督救世"的热诚。以修道院改革为标志拉开了11世纪教皇革命的序幕。为了恢复教会神圣性和纯洁性,人们强烈要求僧侣严格遵守基督教的清规戒律,于是建立一个以教皇为首的统一的教会管理机构实施教会纪律成为必要。这一趋向客观上产生了一种原本可能"无意识的结果"②,即西方社会被刻意地裂变为一个俗界与灵界并行的二元世界。这一变化深刻地影响着近代西方文明的形成与发展。它奠定了一种多元化权力格局的牢固基石,培育了西方所特有的法律文化传统的土壤,从此人们得以在权力的斗争和钳制中,讨论并尝试着用法律来约束权力。

---

① 斯塔夫里阿诺斯:《全球通史》,吴象婴、梁赤民译,上海社会科学院出版社2001年版,第466页。

② 罗素:《西方哲学史》,何兆武、李约瑟译,商务印书馆1997年版,第498页。

(二) 教会统治

1. 教会管辖权的导入

11—13世纪,为了树立教皇的绝对权威,摆脱从前与世俗权力纠缠不清的状况,教会法学家发展了近代第一个法律体系——教会法,随着以教皇为中心的教会等级体系的建立,欧洲诞生出一种新型的法律统治形式——教会统治。世俗权力的威胁在很大程度上是导致教会统治产生的成因。为了对抗国王的军队,教皇只能求助于建立能够与之匹敌的强力。在教皇革命之前,基督教权威的基石是教义以及对教士创造奇迹力量的信仰——认为他们是唯一能够决定一个人是在天国中永生还是被打入地狱的"神的化体",但是教会常常会发现这样的魔法在桀骜的世俗力量面前,并非十分奏效。格列高里七世之前的教皇似乎就没有得到应有的尊敬,"每逢骚乱,党派斗争诱使他们对教皇进行绑架、拘禁、毒杀或攻击的时候,他们是毫不犹豫的。"[①]为了建立权威,教皇部分借助了武力——每次十字军东征都和教皇有关;部分到了自由城市的支持——他们希望为国王找到一个对手;但更为重要的手段则是:以11世纪教皇革命为起点,教会开始导入一种常规性法律控制,教会管辖权成为教会主张权威的利器。

2. 教会体系

除了以格拉提安为代表的教会法学家的努力之外,教会法成为一种法律存在(a judicial existence)归根结底是靠一个遍布欧洲、自成方圆的教会组织体系来实现的。罗马教廷是这个体系中枢,在那里,教皇通过教皇法庭、教廷行政机构以及派往各地的教廷使节控制着这个庞大的帝国;旗下各个主教区、修道院,也在不同的层面,围绕着主教、修道院院长建立了各自较为完备的行政系统。作为组织化的手段和成果,教

---

① 罗素:《西方哲学史》,何兆武、李约瑟译,商务印书馆1997年版,第499页。

会借用罗马法的"社团"(corporation)概念发展了社团法。它以财产公有制为基础,体现了对整体观念的强烈诉求。但另一方面,社团对外对内为一定行为的拟制法律能力,客观上要求必须设立一个代表或者首脑(head);同时为了维护这个整体,又必须明确规定社团成员的权利义务并保障实施,由此发生的管辖权,依照教会法学家的观点,也被授予了社团的首脑——单个的教会官员(教皇、主教、修道院院长)。① 与罗马法社团概念不同,根据教会法,任何具有必要的机构和目的的人的集团,如教堂、僧侣团、修道院、主教区乃至整个教会都可以构成一个社团,都可以对其成员行使管辖权。这就意味着,除非受到上位的干预,各个教会机构的领袖在各自辖区内都是最高的法官、立法者和行政官,但同时教会又可以被看成是一个社团整体,最终的权力掌握在其首脑教皇的手中。由此,整个教会便被型构为一个分等级的或曰金字塔式的架构,进而为上通下达、遵循教会规范、实现社会控制提供了组织基础。

伯尔曼认为,教皇革命导致了近代西方国家的诞生——第一个悖论性的例子就是教会本身。把教会称为一个近代国家是一种悖论,因为近代西方国家据以区别于政教不分的古代国家的主要特征是它的世俗

---

① 参见哈罗德·伯尔曼:《法律与革命》,贺卫方、高鸿钧等译,中国大百科全书出版社1996年版,第260页。伯尔曼认为,教会内部存在着许多限权原则,它们构成了教会法的宪法性特征。例如,教会内部事务上实行多数原则被认为是财产公有制的必然逻辑;教皇、主教、修道院院长理论上都是逐级选举产生的——教皇由枢机主教选举产生;主教由大教堂教士会选举产生;修道院院长由该修道院的修士选举产生,即他们的权力应该得到成员的同意;教会政府的这一等级制的、或曰金字塔式的特征也被认为是对专制统治的限制。但是当教皇、主教围绕管辖权的行使,从上到下复制了一整套复杂而专业化的官僚体系时,一切限权理论的实际效果便被大大削弱了。因为只要教皇愿意,他可以通过教皇法庭管辖一切事项,通过派驻教廷使者制约主教;对主教而言,虽然理论上讲教会社团的财产仍为全体成员共有,但当主教们借助教会行政系统,取得了对其辖区内全部土地财产的实际控制和支配权力时,财产共有制度的全部意义就仅在于下级教士对教会的经济依附性。我们应当明白:控制了一个人的经济来源,就等于控制了他的意志。在这种情况下,我们怎么能够期待存在着真正的教会多数原则呢?事实上,欧洲大陆的教会统治越来越体现出专制的倾向,教皇、主教成为教会的少数统治者,而其下属的教士则更像他们的仆从,是由其供养的领薪教士。

特性。而教皇革命的主要目标就是要剔除最高政治权威的宗教职能。①在那以后,皇帝、国王被当作俗人,从而在精神事物上完全不具有权能。一种与永恒生活相联系的精神共同体所拥有的精神职能成为教会的专属领地。但另一方面,在教皇格列高利七世之后,教会在事实上具备了近代国家绝大部分的特征。② 它的首脑(教皇)有权立法,并通过在教会体系中建立一种行政管理等级制度执行法律,一种司法等级制度解释和适用法律。因此,教会行使着作为一个近代国家的立法权、司法权、行政权,而这一切均被纳入了与世俗管辖权并行的教会管辖权的法律范畴之内。在这个过程中,作为一种手段,教会法被迅速地推广,与之相应,教会权威在12世纪后也得到了空前的膨胀,教会势力渗透于各国事务之中。13世纪,教皇英诺森三世甚至要求任命或废黜国王,他宣称:"世界上的一切都逃脱不了教皇的关注和控制。"③然而,正是在教会法盛行的欧洲大陆另一边,英格兰却独善其身,发展出了与之并行的普通法传统。对此,诺曼征服后,世俗王权的兴起以及它为英格兰教会带来的变化无疑为我们提供了一个可资阐发的话题。

二、英格兰教会

作为基督教世界的一部分,英格兰教会牵涉整个教会帝国体系,因此教士的身份便足以使他们分享大陆同行所创造出的荣誉与地位以及教皇的庇护,国王对教会的忌惮更多地来自罗马教皇和整个基督教世

---

① 参见哈罗德·伯尔曼:《法律与革命》,贺卫方、高鸿钧等译,中国大百科全书出版社1996年版,第137页。
② 同上书,第136页。
③ 斯塔夫里阿诺斯:《全球通史》,吴象婴、梁赤民译,上海社会科学院出版社2001年版,第466页。

界的压力。但是远离罗马(基督教世界中心)的特定地理位置、初民社会的简约现状、诺曼征服后王权的兴起,各种因素的综合作用却使得英格兰教会在许多方面与大陆教会不尽相同。除了教士阶层的身份特征外,这里没有大规模的教会法统治,远非完备的教会组织系统,连"教会社团"这一基本法律概念都不存在。

1. 英格兰——被基督教浸染的国度

早在 303 年东罗马帝国皇帝敕封基督教为国教后不久,英格兰地区的教堂便如雨后春笋般建立起来。但随着罗马帝国的没落,建立总教区的企图没有成功。① 410—1066 年,同欧洲大陆一样,英格兰进入了一个蛮族入侵的时代。这一时期,既涌现了传奇的基督徒亚瑟王,同时留下了圣徒帕特里克(389—461 年)的事迹。6 世纪末,教皇格列高利派遣奥古斯汀在肯特登陆(597 年),启迪英国信奉基督教。668 年罗马教皇任命西奥多为坎特伯雷大主教。② 西奥多是位负有盛名的学者,他对罗马世界知之甚详。672 年他在赫特福(Hertford)召开全英教士会议,拟定了教会行政组织的基本方案,开辟了新的主教区。英国第一个历史学家比德(673—735 年)在《英国基督教会史》中用拉丁文记录了英格兰皈依基督教的历程。③ 阿尔弗雷德大帝(871—900 年)击退丹麦人后,迫使他们接受基督教,并重建教堂,亲自把比德的《英国基督教会史》和格列高利的《牧师的职责》译成英语。1042 年继英王位的忏悔者爱德华的夙愿就是成为修道士,为了接近教堂,他甚至从伦敦的王宫迁居到新的威斯敏斯特宫。威廉征服之后,以宗教交流为主要形式的文化联系相当密切,1070 年,任坎特伯雷大主教的兰弗朗克曾是罗马教皇

---

① F. E. 霍利迪:《简明英国史》,洪永珊译,江西人民出版社 1985 年版,第 6 页。
② 起因是,诺森伯利亚国王和肯特国王一致推荐的威格赫特(Wighard)在去罗马申领圣职任命书时,死于瘟疫。
③ 伊·勒·伍德沃德:《英国简史》,王世训译,上海外语教育出版社 1990 年版,第 12 页。

的教师。1070—1216年,修道院的数量迅速地增加,这段时期,素有"英格兰宗教界的修道院时期"之称。① 基督教的传播使得英国也成为了一个被宗教意识所包容的社会。基督教会产生出的影响力无处不在。出生、婚配与死亡都有特定的宗教仪式;教会组织向普通民众传递着一切有关现世道德与来世永恒的启示;教会不仅热衷于仪式,而且也热衷于实施律法和鼓动善行赎罪,并借此积累了财富与权力,他们认为:羊群自有它们的牧羊犬和牧羊人来管束;宗教的力量甚至直接影响到整个国家政治经济生活的日程安排,不仅重大的政治会期、法院开庭期以及开市的时间都与特定的宗教节日联系在一起,而且连市集的摊位也常常聚集在教堂周围。② 总之,宗教为英格兰构建了一整套价值体系和行为准则,以致世俗的国王也必须寻求教会的支持。诺曼征服就部分借助了教皇的权威,威廉曾受托于教皇亚历山大二世③,以十字军基督教士自居,他宣称征服的目的是为了将英国教会从地方封建压迫下解放出来,因而在当时被认为是带有克吕尼改革精神的宗教义举。威廉一世之后,在王位继承的斗争中,与教会的和解最终帮助亨利一世胜出;同样,历经"斯蒂芬乱世"之后,1154年新王亨利二世登基,部分意义上也是教皇权力至高无上论者在政治斗争中作出调和的一个结果。④ 但是另一方面,合作的姿态并不能掩盖国王对于神圣王权理想的积极追求,虽然对教会的干预和权力主张并不总是成功,但却有效地阻却了教会统治在英格兰的出现,从而为12世纪后半期王室法院和普通法的兴起腾出了足够的发展空间。

2. 教会——国王特殊的封臣

在本书第二章"诺曼征服与英格兰的封建化"一节中,我们已经提

---

① 阿萨·勃里格斯:《英国社会史》,陈叔平等译,中国人民大学出版社1989年版,第64页。
② 同上书,第84页。
③ 哈罗德·伯尔曼:《法律与革命》,贺卫方、高鸿钧等译,中国大百科全书出版社1996年版,第310页。
④ 同上书,第311页。

到,作为威廉分封土地的结果,所有的土地包括教会土地都被确认为国王的封土,同世俗贵族一样,英格兰主教们兼具国王第一土地保有人、直属封臣的身份,向国王负担义务;如果仅从土地关系的封建化程度看,我们可以接受如下结论:诺曼征服后,教会完全被纳入到封建化的轨道,成为英国最大的封建主之一。① 他们通过再次分封土地,也都各自保有了一定数量的次级土地保有人(sub-tenants);同样享受着封主的权力——设立封建法庭、行使封建管辖权。在英格兰土地法中,贵族(Baron)原意为大地产者,是一个只与土地(barony,最初指代大片地产)相关的广义概念,它涵盖了全部教俗贵族(ecclesiastical baron and lay baron)。11—12世纪期间,教会曾不断地在主张免除封建义务(包括管辖豁免)的教会特权。但国王却坚持认为土地是世俗的、国王分封的土地,凡涉及土地的纠纷都应当属于王室管辖权范围,教会也不例外。对权力的成功坚守最终为王室法院向教会主张土地之诉管辖权提供了法律基础。

但是另一方面,主教又是王国第一等级教士阶层的领袖(leader),是以教皇为首的教会帝国的一员。对此,国王也不得不承认教俗贵族之间存在的身份差异。在召集会议时,王室令状的不同表述可见一斑。世俗贵族得到召唤是基于对国王应具有的"诚信与忠诚(faith and homage)",但是在针对教士阶层的类似令状中,我们却看不到有类似效忠的措词。② 国王必须依靠"神授王权"的宗教信仰来为其统治提供合法性基础,必须借助教士为其施行的涂油加冕典礼来彰显其神圣不可侵犯的尊威,职是之故,国王也必须追随教会的信仰,让一个挥之不去的教士阶层分享国王神圣的光环。

3. 一个内部分化的教会组织

与11世纪之后,欧洲大陆日益兴盛的教会权威相辉映,英格兰教会

---

① 孟广林:《英国封建王权论稿》,人民出版社2002年版,第178页。
② F. W. Maitland, *The Constitutional History of England*, Cambridge University Press, 1920, p.76.

也开始积极地向英格兰输入教会法①,以积累权力。但是,王权的干预以及对教会组织的分化,却极大地破坏了在英格兰复制教会法体系和建立教会统治的企图。

分化教会的努力同样发生在最初的土地安排环节。与大陆教会实行的财产公有制不同,国王一开始便让主教之下的圣徒(saint)分享土地所有者的权利。虽然权属关系此时还十分混乱②,但"某某圣徒是某某土地所有者"(the saint is the landowner)的表述已经频繁地出现于《全国土地清查册》中。主教仍然是圣徒们的上司和管理者,他们可以发布命令,安排圣徒及其教堂的日常事务,收获、分配、享用各种地上产物,但是主教却从来不能像支配个人财产一样支配主教辖区的土地。一个世纪接着另一个世纪,随着王室法院的介入以及新的财产占有学说的发展确立,教会控制下的土地呈现出一种显著的"个人主义(individualism)"的趋势。土地分割不仅发生在教会与其次级土地保有人之间,而且也发生在主教和僧侣之间,人们越来越把土地视为个人的财产。

在欧洲大陆,社团法是教会组织建设的制度成果。虽然英格兰的律师也从教会法学家那里舶来了社团(corporation)的术语,但是除了一个苍白的概念和空洞的法律思想(a contentless idea and a blank form of legal thought③)之外,英格兰对此就所知甚少了。在很长的时间里,直到布莱克

---

① 1143年,大主教狄奥波(Theobald)抵达英国。一行中有一位来自伦巴第的律师 Vacarius。他在英格兰宣讲罗马法时,斯蒂芬曾阻止过他,并因此与教士们发生争吵。但 Vacarius 决非徒劳无功,罗马法的影响十分显明地体现在随后的亨利王的一些改革之中,而且可以推测亨利二世年轻时,曾聆听过 Vacarius 的讲座。参见 F. W. Maitland, *The Constitutional History of England*, Cambridge University Press, 1920, p. 11.

② "所有和保有"(to be owned and to be hold)的用法十分混乱,圣徒们被视为土地所有者的同时,该土地可能又被教堂所保有;反之亦然。一般情况下,附着兵役的土地被认为是由修道院院长本人保有,其他庄园则是教会财产。See Sir Frederic Pollock and Frederic William Maitland, *The History of English Law before the Time of Edward I*, Cambridge University Press, 1968, pp. 499—501.

③ Ibid., p. 486.

顿(Bracton)使用"universitates",即"人的集合体(a group of person)",这一最接近社团的法律概念之前,英格兰的法律只能甄别出一些特殊的"自然人"主体,如主教、修道院院长、大学校长、市长、自治市民等等。应当看到,在遭受路德宗教革命冲击之前,盛行于西方罗马世界的一个集权的教会行政体系是与教会财产体系结合一体的,但是在财产纽带不复存在的英格兰,即便是作为法律理想,我们也很怀疑一种精致的教会组织系统是否曾经存在过。① 事实上,教会并没有对英格兰"社团"制度的产生和发展作出过多少实质性的贡献。当13世纪初布莱克顿论述"universitates"的时候,唯一提到的实例是自治城镇(burgess)。

4. 国王对教会的管辖

在英格兰的法律实践中,教会管辖权似乎并不是一个重要的角色,普通法学家对教会法庭的叙述大多轻描淡写。一方面是由于缺少一个系统化的法律载体,对教会管辖权大力推广;另一方面,我们也不应忽视时间因素,从诺曼征服到12世纪后半期亨利二世改革之前,教会法体系尚未形成,而在此之后,王室法院中诞生的普通法却已经捷足先登了,这便是卡内刚(Caenegem)所谓的普通法早熟性质(premature nature)。② 但是这

---

① "we may doubt whether it served even as an ideal in English where the thread of ecclesiastical tradition had been broken." See Sir Frederic Pollock and Frederic William Maitland, *The History of English Law before the Time of Edward I*, Cambridge University Press, 1968, p. 491. 阿萨·勃里格斯也指出,英格兰的宗教组织呈现出了独特的图景。索尔兹伯里的约翰所界定的"说教者"的称呼有不足之处,因为当时僧侣已分裂为许多不同的集团,而且具有不同的价值观念、充当不同社会角色的修士团之间也存在着冲突。僧侣中包括教师(教会垄断教育)、管理人与学者、预言家与哲学家、艺术家与音乐家。他们创建了自己新组织——大学。尽管对于教会而言,信仰与迷信并没有明显的区别。但此时的教会已经变得"宽容"了,或者说它已无力阻止别人的批评之声。参见阿萨·勃里格斯:《英国社会史》,陈叔平等译,中国人民大学出版社1989年版,第74—80页。

② "时间因素极为重要。在欧洲其他地方,法律的进步是在罗马人的或受其启发而衍生出来的法律原则的影响下,较晚发生的。那时,罗马法学已几近成熟,在教会法庭上的实施,使每个人都能感受到它的存在。然而,在罗马人的法律和程序能够为法律进步提供一个完备精致的样板之前,在大学经过培训的人员能够提供法律实践可能性之前,由于填补法律缺口的需要,英格兰国王已经提前几代人完成了一个不那么激进的法律进步过程。"See R. C. Van Caenegem, *The Birth of the English Common Law*, Cambridge University Press, 1973, p. 105.

英格兰的早期治理

并不意味着教会在英格兰的法律世界中无足轻重,因为教士身份代表着一种特有的教士管辖豁免权,即教士不受世俗管辖的特权,而任何一种统一的法律秩序都不可能允许存在一个游离于法律之外的群体,因此限制教士管辖豁免权必然成为英格兰治理的一个重要课题,国王对教会的管辖主张则为此提供了一个解决问题的契机。

应当说,在亨利二世之前,国王对于教会的管辖主张十分有限,国王只在少数几个"国家审判"中对主教的叛国罪实施过管辖。但是"斯蒂芬乱世"之后,教士管辖豁免权却凸现为一个社会问题。乱世中,许多犯下罪行的人都通过改换门庭、成为教士,以逃避世俗法庭的惩罚。而教会适用宣誓涤罪的审判程序——只要宣誓证明自己清白,便可以对抗指控;即使被判决有罪,对教士的处罚也相当宽松。由此引发了对教士管辖豁免权激烈而持续的争论,并在亨利二世与贝克特大主教二元管辖权之争时达到顶点。

为了解决教会与世俗的法律管辖冲突,亨利二世于1164年制定了旨在全面控制教会的《克拉伦登宪章》。① 最初,国王得到了国内舆论的支持,因为在经历了二十年斯蒂芬乱世之后,整个王国都弥漫着要求恢复秩序的呼声。不仅《克拉伦登宪章》是国王与世俗贵族们在克拉伦登会议上作出的共同宣言,而且一部分主教也站在了国王的一边。但是在沉思之后,作为英格兰唯一的教廷使节,坎特伯雷大主教贝克特②却断然拒绝了亨利的要求。"有谁能够让我摆脱这个瘟神般的神父"——

---

① 《克拉伦登宪章》第1条规定涉及圣职推荐权的诉讼都应在王室法庭进行;第3条规定被控犯罪的教士应先在王室法庭回答法官的提问,然后由主教法庭定罪,若有罪则要返回王室法庭接受惩罚;第7、8、10条规定国王的直属封臣被褫夺教籍和从英格兰的教会法庭向罗马教皇上诉时,都要首先征得国王的同意和恩准;第15条则严正声明不得因为债务诉讼中有当事人违反誓言的事实就剥夺王室法庭对此类案件的司法管辖权。参见李红海:《普通法的历史解读——从梅特兰开始》,清华大学出版社2003年版,第92—93页。

② 英格兰共设有2个大主教区:坎特伯雷和约克。但是,由于坎特伯雷大主教是唯一的教皇使节,享有许多约克大主教没有的特权,如为国王加冕,充当灵界与王室政府、国王与教皇沟通人的角色,因此他又称英格兰的总主教,是英格兰教士阶层的最高领袖。

亨利的一句愤懑之言怂恿4名鲁莽的骑士刺杀了贝克特大主教。然而主教的殉职不仅没能解决问题，反而使亨利的处境戏剧性地急转直下。国王的行径遭到了整个基督教世界的谴责，以致不得不以苦行赎罪，并被迫放弃了《克拉伦登宪章》中的大部分侵犯性条款。无疑，这场斗争的直接结果是为那个社会提供了不同的声音、不同的力量以及它们存在的空间和可能，然而如果我们把同一时期亨利二世的法律创新一并加以考虑，那么这场斗争的意义就远非如此。国王的管辖主张并没有因此停滞，以1166年巡回法庭创设为标志的普通法司法治理模式的形成也正是发端于这一时期。从此，王室法院扮演了入侵者的角色，并且不断地取得成功。从这个意义上讲，亨利二世与贝克特大主教的冲突最终为解决管辖权之争提供了一个"成功的范例"。国王对教会肆意的干涉和蛮横的权力主张无法得逞，在英格兰的历史中，教会内部事务主要是由教会自行处理的，英格兰教会保持了相当的独立性；但它们并没有因此游离出英格兰的法律秩序之外，王室法院通过司法程序的合理化设置以及陪审制度公信力的保障，逐步将王国中发生的、重大教会和教俗争端吸引到王室法院进行解决。应当看到，在1166年巡回法庭制度创设不久，便有高级教士就圣职授予诉诸王室法院（而不是教皇法庭），以寻求司法救济；在土地之诉管辖方面，原则上，涉及教会土地保有权（alms）的诉讼作为教会内部事务应归属教会管辖权范畴，但是另一方面，亨利却将判断争议土地性质的程序环节争取到了王室法庭一边，要求由当地知情人士组成陪审团在巡回法官面前作出裁判。一旦判决土地不属于教会自有地产，那么国王对于世俗贵族施加的司法魔术（见第二章），便会故伎重施在教会头上，此时的教会同其他封建领主并无二致。

三、小　　结

在进入下一部分"国王的军队"之前,对英格兰的封建因素和教会状况作一些简要的交代十分必要,它既体现为一个结果,又是一个前提。作为一个结果,王权的干预,促使封建管辖和教会管辖不仅从一开始就无法成就一个完善的体系,而且逐步走向衰败;作为一个前提,旧有法律设施的没落必然预示着新的治理机构的出现,而不成体系、各自为政的封建或者教会机构又为国王以一种渐进、平缓的司法介入并最终获得成功创造了条件,因为我们很难奢望有限自敛的司法管辖在羽翼丰满的地方豪强面前会有多大作为。与此同时,庞杂和零乱的地方法律设置似乎也留给王权更多的机会,可以轻而易举地向地方渗透,并建立唯我独尊的专制王权。按照这样的逻辑,我们如何解释英格兰后来发展出来的议会民主以及自由主义传统呢?

权力就是能够使自己的意志获得相对人服从的能力。对于统治者而言,这种能力的显现从来都是通过特定的"媒介"来实现的,任何国王都不可能一一面对他所有的臣民,对王国中发生的所有事项亲历亲为。威廉一世征服英格兰后,帮助他夺取英格兰王位的诺曼同胞转身变成了英格兰的新贵;而教会的精神中心在罗马;剩下的便只有被征服的盎格鲁撒克逊人了。很长时间里,英王都没有能力建立起一个官僚机构来实现国王的治理。因此,即便国王一开始便有意识地在削弱贵族、教会这些潜在对手的威胁,但他又必须长期依靠与贵族和教会的联合来统治王国。任何触动显贵们敏感神经的专横要求,都会遭到坚决而有效的抵制。

为了扩展王权,国王不断地声明:他是整个王国和所有臣民的国王。在亨利二世创建王室法院之后,围绕着与人们生活最密切相关的土地之诉的管辖,整个王国逐渐被纳入到一套发端于王室法院的普通法秩序之中;但是另一方面,我们也必须看到,英格兰的国王同样未能发展出直接而完备的强制手段。通常情况下,不仅贵族、主教不受逮捕,对于自由土地保有人、自由民、教士乃至普通城镇居民都缺少强制性措施,因为国王没有军队,没有以警察为主体的治安管理体系,更没有上通下达的行政官僚集团。

我们应当清楚多元化权力格局对于防止绝对权力产生的制度价值。而权力制衡则进一步体现了一种权力并存的理想契合状态,它不仅排斥强权,而且在根本上否定"以恶制恶"的逻辑架构。今天,对于分权制衡的宪政原则可谓是耳熟能详,然而,我们往往缺少评估这种权力均势状态的有效标准。在这方面,普通法早期发展史无疑向我们揭示了一种现实的尺度,即多元权力的制衡应表现在:基于任何权力形成的机构组织化程度都应被限定在一个有限的范围内,拒绝按照单一的原则对社会进行全面的组织,唯此才能认为,这个社会不存在权力失衡的危险,才有机会在不断的妥协与选择中,创造出一种良好的社会制度。其实试想一下,当谈判的参与者缺少信心十足的谈判砝码时,妥协的空间往往会大得多;相反,如果每一方都拥有拒绝妥协的底牌,那么谈判的进程反而会变得异常艰苦,陷入僵局的可能性也就更大。当缺少契约制度安排而使整个社会陷于无序与分裂时,弱肉强食便会取代和平竞争成为最根本的生存法则。在这种状态下,普通民众对统一秩序的渴望以及地方权贵和教会长期专权乖戾所积淀下来的宿怨,甚至也在某种程度上构成了近代欧陆各国纷纷通过强化王权、后来干脆依靠暴力来建立秩序的重要动因。然而,人们很快就发现,他们试图摆脱压迫的方式换来的并不是对自由的保障,而更像是一种被改装后的新的强制,旧制度的幽灵在一片破碎的瓦砾上重新又粉墨登场了。相比之下,英格兰人民则在以另外一种更为平缓的方式表达着自己的意愿,贵族和

英格兰的早期治理

教会并没有将他们压迫到必须彻底推翻这种管制的地步。在国王与教会、贵族的斗争中,他们从国王的法庭便可以获得最高权威对主观权利的认可与保护;反过来,贵族和教会常常又成为他们免受王政之道的有效屏障。在后面的论述中,我们可以看到,军队、地方长官等等咄咄逼人的权力元素是如何在长期而持续的观望和选择中被限制甚至是排斥,与之相应,王室法院却逐渐成为人们欢迎和依赖的治理机构,于是法律的主张而不是武力的炫耀、专断的命令,得以成为人们更常用的语言。

第四章　国王的军队

任何统治方式(社会控制机制)的维持都需要外在强制力的保障。在国家官僚体系、军队、警察这些国家暴力机器出现之前,封建兵役制度代表了最初的强制形式,它既是对外征服的基础,又是对内实行人身控制的手段。为了在一片陌生的土地上建立稳固的统治,诺曼征服后的第一件事情就是分封土地,并将兵役作为地役的实质性内容明确规定下来。但是受到封建原则的限制,役期有限的骑士兵役制始终无法为王权提供牢固的军事支持。随着王权的兴起和扩张,国王开始尝试突破封建习惯,蹈出封建纲网之外去发掘军事资源。

事实上,为了追求权力所能够获得的最大服从,国王总会不断地找寻最能够满足其权力欲望的治理方式。虽然武力无法成为常规性的治理手段,但不可否认,对于任何统治而言,军事征服提供了终极性保障。组建一支忠于王室的强大军队,国王便能够以最简单迅捷的方式使王国其他权力体臣服,进而建立起君主专制。但是在英格兰,由于显贵们对王权的有效制约以及特定的自然环境条件,国王谋求建立一支常备军(a standing army)的努力直到17世纪英国革命发生时也终未成功。唯此,我们才可以期待权力碰撞出来的是自由的火花而不是毁灭与仇恨的种子。相反,如果武力成为攫取权力和财富最便捷的途径,那么多元化的政治对话机制就不可能有容身之所。在英格兰,国王的军队最终变成了全民的军队,防御与治安的责任落在了整个乡镇社区的头上,每一个成年男性公民都被要求配备相应的武器,承担保卫家园的职责。

一、英格兰骑士兵役制度(knight's service)

在中世纪欧洲,骑士是一个垄断战争艺术的阶层。他们构成了西方最初的军事组织形式。对于法兰克军事史上出现重装骑兵这一重大事件,人们作出了各种解释。其中,8世纪与阿拉伯人的战争是一个因素。从东部的欧亚部落进口马镫和马铁蹄也起到了某种重要作用。由于造就一名骑兵的费用极其昂贵,在1000年,单单一名骑士盔甲的价钱就可以买一大块土地。① 而士兵本人不仅需要提供武器盔甲和马匹,而且还需要负担骑士服役期间对家庭的供养,这便需要有足够的土地为其提供经济来源,由此衍生出了一种特殊的土地保有权类型——兵役土地保有权(military tenurn)。很可能,它最初是"在一个充满战争的世界里,以领主与战士的关系为中心发展而来的"②。但是当越来越多的土地与骑士服役这一事实相联系时,我们也可以说骑士兵役是以土地为单位进行划分的。在国王向贵族分封新占土地,或者贵族向其侍从(亲信士兵)再次分封土地的过程中,一般都会规定一定数量的兵役作为保有土地的实质性要件,这些附着骑士兵役的土地亦被称为骑士领(the knight's fee),而保有人则为兵役土地保有人。在接到封主的征召命令后,他们将以骑士的身份,按照约定或者封建习惯,在一个有限的时段(一般为40天)到封主指定的地点组成临时性军队,履行兵役;和平时期,进行操练、维系秩序;战时,则用于抵抗外侵或平乱远征。拒绝履行兵役时,封主可据此扣押没收其土地。

---

① 哈罗德·伯尔曼:《法律与革命》,贺卫方、高鸿钧等译,中国大百科全书出版社1996年版,第368页。
② S.F.C.密尔松:《普通法的历史基础》,李显冬等译,中国大百科全书出版社1999年版,第105页。

(一) 英格兰兵役分担体系的建立

威廉一世并没有为英格兰引入新的兵役制度,但毫无疑问,在12世纪及其之后的若干世纪中,完备的兵役分担体系的建立是由诺曼征服者完成的。无论计量单位是骑士人数还是骑士领的份数,他们在全国范围内为每一块特定的土地都附着上了确定量的兵役。这一进程始于威廉时代,至亨利二世,基本完成。

1. 最初的安排

由于对诺曼征服前的英格兰社会状况所知甚少,因此不能对诺曼人到来时既存的兵役制度做详细的描述。但是有充分的理由相信,征服者威廉对那些受到分封的诺曼贵族以及业已保有土地的英格兰教会都明确规定了他们应当向国王提供的骑士数量。当然无法得知,在分派的过程中,威廉究竟在多大程度上遵循了古英格兰的法律习惯,但是对于那些被没收的原英格兰贵族的土地,威廉显然没有受到太多的限制,因为其所分派的兵役数量与土地之间似乎没有特定的比例关系,最主要的第一土地保有人所负担的骑士数量都被粗略地规定为5的倍数。

2. 骑士兵役的分割和碎化

自12世纪初始,受继承、二次分封、没收、强夺、买卖等因素影响,骑士领呈现割裂乃至碎化的趋势,与之相应,骑士兵役的计量和履行方式也随之变化。由于兵役与土地一一对应,一份骑士领等同于一份骑士兵役,因此兵役总能够随着土地的分割而同步折算为更小的单位,即骑士领的等分数或者倍数(如1/5,5等)。威廉一世展开的全国土地清查无疑为这一转变提供了条件,此时他的后继者便可以根据土地的分布和数量,将王国中每一块土地,哪怕是很小的土地都被分配上了特定份额的兵役。亨利二世时代,我们已经可以看到骑士领被分割为1/12、1/24,约翰时出现了更小的划分(1/40),之后甚至每一英亩的土地都被规定上了明确的兵役份额。①

在兵役的履行方面,原先纯粹的人身义务开始出现一定的经济义务特征。此时,如果一份骑士兵役役期为40天,1个土地保有人保有1/20的骑士领,那么这并不是说他需到国王的军队中服2天兵役,而是指他必须同其他若干总计保有一整份骑士领的土地保有人一道,向国王提供1名能够服40天兵役的骑士。在这个过程中,一部分或者全部的土地保有人都可能根据各自骑士领的份额,通过负担这名骑士履行兵役所需的费用而抵消掉他们应担负的兵役。这样的兵役履行方式客观上有利于人们形成"整体"的观念,当一份骑士领被碎化并由数个人共同担负时,一旦接到征召命令,这些土地保有人便必须凑到一起进行协调,有时他们会决定出资雇用1名骑士;但更多的时候则是从他们中间选举出1名代表履行兵役,由其他人担负全部费用。如果想到后来1份骑士领曾被分割为1/20、1/40这样小的比例时,我们就应该认识到征召1名骑士将会牵涉多少人的利益,将为在封建体系内部建立起横向联系发挥怎样的作用?

3. 教会的义务

在基督教世界中,教会从来都是一个特殊的团体,他们承担着有限的世俗义务。原则上,作为上帝的仆从,他们只需对上帝而无需对世俗的国王负责。诺曼征服之后,英格兰的教会不仅没有被削弱,反而作为征服者的英格兰盟友,在"虔诚"的国王的特许或者默认下,部分封建兵役土地保有权被成功地转变为"教会土地保有权"(frank-almion),并得以主张不向或者少向国王承担封建兵役,因为教士是"和平主义"者,他们只侍奉上帝而不应卷入世俗争斗。但是隶属教会之下的土地保有人对教会所承担的兵役却并没有因此而得到相应

---

① Sir Frederic Pollock and Frederic William Maitland, *The History of English Law before the Time of Edward I*, Cambridge University Press, 1968, p. 256.

的免除或者减少。圣埃德蒙修道院(St. Edmund)院长保有应向国王提供40名骑士义务的土地,但是根据他的主张,隶属于修道院的兵役土地保有人却需负担52份骑士兵役。Meaux修道院的一位纪实作者告诉我们,修道院院长是如何一方面证明他在约克郡的土地保有权属于教会土地保有权,因而不负担任何军事义务;同时又坚持认为他的土地是由次级兵役土地保有人保有的,因此受让了他们的监护权和婚姻权(wardship and marriage of his tenants)①。由此,教会便可以坐享免除或者减少对国王的兵役以及兵役所附带的意外伤亡而产生的巨大利益。当封建兵役可以被转换成免服兵役税的时候,这更是为教会提供了另一种敛财的方式。迅速增长的教会财产让世俗贵族们嫉妒不已,因此也必然会招致以国王为首的世俗力量的反对。早在威廉时代,国王便认定:根据英格兰法律,履行兵役只能付诸国王的军队。从前这条原则并不适用于教会。但是这种二元并行的秩序状况在亨利二世时期得到了改变。亨利努力从上述原则中推导出如下结论:如果第一土地保有人分封了比他本人应向国王提供的骑士数目更多的兵役土地保有者,那么他将相应地增加对国王承担的兵役数量。进而产生的结果是:教会向次级兵役土地保有人提出的每一份要求都将在国王的法庭上构成对其不利的证据。②

(二) 对封建习惯的突破及其限度

正如在"封建制度与王权"一章中所分析的,英王一方面强化着封建义务体系;另一方面,变革的征兆又随时引发着内部的争论。英王显然不是一个封建制度的信徒,在兵役期限和次级土地保有人兵役履

---

① Sir Frederic Pollock and Frederic William Maitland, *The History of English Law before the Time of Edward I*, Cambridge University Press, 1968, p.265.
② Ibid., p.266.

行方式等方面,他不断地突破着原有的封建习惯。

1. 兵役期限

一般的说法是,封建兵役期限大致为每年40天(40 days' service)。但是在英格兰,40天兵役期的规定看上去仅仅在理论意义上存在,因为无法从现存的任何一份英格兰官方文件中得到印证。只是在同时代的诺曼人、法兰克人的法律中我们可以找到相关的内容。如13世纪诺曼人在欧洲大陆属地图雷恩(Touraine)的一份公告上记载道:

> 经国王召集,领主们和(直接向国王承担封建义务的)土地保有人都应当追随国王。由国王执牛耳,其他人自筹资费,按各自应担负的兵役人数,带领应召而至的骑士们履行40昼夜兵役。如果国王要求他们继续负担更长的兵役期,那么除非自愿,否则无需留下;如果为了王国的防御,并由国王支付军备开支,那么他们应当继续履行职责;但是如果国王准备派遣他们到王国域外,那么除非自愿,否则无需前往。[①]

作为诺曼征服者,威廉肯定熟悉这方面的法律或习惯,但是不知是故意还是疏忽,在英格兰获得分封的领主们的特许状中从来没有这样具体的规定。国王在发动战事之前,也从来不在命令中提及相关的内容。一般看来,40天役期的封建原则在英格兰并没有成为约定俗成的习惯。兵役的履行期限更多情况下取决于国王与显贵们就实际需要而进行的协调。但是由于约翰之前,大部分战事发生在欧洲大陆,因此贵族们经常否认其有参加海外战争的义务,即使国王愿意负担开支。

2. 次级兵役土地保有人对其封主的兵役义务

作为封建制度的某种延续,诺曼征服后,英格兰社会仍然保持着国

---

① Sir Frederic Pollock and Frederic William Maitland, *The History of English Law before the Time of Edward I*, Cambridge University Press, 1968, p.254.

王与领主、领主与其次级封臣之间以土地为纽带所结成的双层封建法律关系。那么直接向领主负责的次级土地保有人，除了要分担领主对国王负担的军事义务之外，对领主还要承担怎样的义务呢？一般认为次级土地保有人有义务为他的领主作战是一种封建习惯，是一条基于他们与领主之间存在着的上下级隶属关系所必然导出的默示规则。在诺曼底，诺曼贵族和高级教士拥有专门为他们服役的骑士，在那里向国王服役和向领主服役完全是两个不同的法律概念。Coutances 主教负有向诺曼公爵提供 5 名骑士的义务，但同时有 18 名骑士须向主教本人承担兵役。蒙特福德(Montfort)受封的土地包括 21 份骑士领，但是其中一半是用来为领主本人服务的，至于有多少是向诺曼公爵负担的义务没有人能说得清楚。Bayeux 大主教分封了 119(1/2)份骑士领，但他只需派遣 10 名最优秀的骑士和 40 名骑士分别为法王、诺曼公爵服 40 天兵役即可，而同时全部 119 名骑士都必须向大主教本人负担兵役。[①]

然而在英格兰，从威廉一世开始，国王们便身体力行，颠覆着"国王封臣的附庸不是国王的附庸"这一封建守则。每当威廉巡游到一地，便会要求所有的次级土地保有人向其宣誓效忠。而根据国王的法令，除非是国王的军队，为了王室冲突，没有一个土地保有人有义务参加军队，卷入暴力冲突。[②] 制止私人间的武装械斗，符合人们对和平社会秩序的期望。当然也必须承认"这条法令尚不能充分代表当时社会的道德风貌"[③]，民间冲突、决斗仍时常发生。但是无论如何，在王权的干预下，地方武装割据现象在英格兰并没有发展成为无药可救的制度病疴，这里只有国王的军队才是唯一合法的军

[①] Sir Frederic Pollock and Frederic William Maitland, *The History of English Law before the Time of Edward I*, Cambridge University Press, 1968, p.264.

[②] "No tenant is bound to fight in the army but king's army, or in the quarrels but king's quarrels." Ibid.

[③] "It's no adequate expression of the current morality." Ibid.

备形式。

3. 封建格局对骑士兵役制度的内在制约

在消除地方割据危害方面,英王相当成功,但作为一种矛盾,当时的英格兰并没有摆脱封建格局的限制。虽然国王主张:封臣的附庸亦是国王的附庸,但现实中,国王却无力跳过领主直接向其臣民发号施令。对此,梅特兰给出了如下兵役结构模型①:若 A 是国王的第一土地保有者,拥有一片应负担提供 20 名骑士义务的土地;B 作为 A 的次级土地保有者,保有 A 部分土地,并分担了提供 1 名骑士的义务,那么虽然对于 A 而言,B 的义务似乎仅限于提供 1 名骑士,但是作为 A 地产的组成部分,B 保有的土地可能会因为 A 未向国王完全履行兵役而被国王扣押(be distrained)。在这一点上,B 的土地实际上要承担 A 对国王应付之全部兵役义务的连带责任。但另一方面,在履行兵役过程中,B 仅对 A 负责,而不对国王负责(B is bound to A, and B is not bound to the king)。② 每当受到国王的召集,骑士们都将集结在他们各自领主的徽帜下,尊奉领主的指令。虽然国王的处罚可能及于 B,但这被看成是对 B 的领主实施处罚的连带效果,因此,B 与国王之间并不形成任何的个人义务(personal obligation)。虽然土地最初都是由国王分封的,但国王不能基于任何关于土地保有的理由直接征召 B 加入战事。另外,如果 A 已经向国王提供了其应负的 20 名骑士的义务,那么即使 B 不在其中,国王也不应有所微词。简而言之,B 的义务就是听命于领主的安排,在国王的军队中服役。因此,即便国王的法令将骑士兵役上升到了"王室义务(regale seritium)"的高度,但却并未能突破封建式的双层权力格局。变革的实质性法律意义在于国王为这

---

① Sir Frederic Pollock and Frederic William Maitland, *The History of English Law before the Time of Edward I*, Cambridge University Press, 1968, p.263.

② Ibid.

一封建义务设置了法律前提,即兵役的履行只能在特定的空间(国王的军队),为特定的事项(王室利益)而发生。

作为国王的第一土地保有人,领主亲自征战又是封建兵役制度的一项基本原则。如果说一个领主担负提供50名骑士的义务,那么这意味着他必须亲自带领其他49人到国王的军队中服役。除了教士和妇女享受着不必亲自服役的特殊待遇以外,其他人只有在年老或者病重以致无法征战的情况下,才能告请,派遣其他人代为服役。当尚武斗狠的骑士风尚日渐隐退,显贵们开始习惯于安逸的生活时,他们总会想尽办法减少或者逃避兵役。而正因为存在着上述兵役负担的双层结构,显贵们兵役负担的变动,又会直接影响到次级土地保有人兵役的履行。因此即便国王作出了种种努力,骑士兵役——这种封建式的集结仍然只是一种庸散的军备形式(clumsy weapon)。也许在英格兰它从来就不是一件利器,按照梅特兰的估计,威廉征服之初,骑士数量不应超过5000人,整个封建军队只是可数的"一队"武士而已。[①]它也许可以用来保卫边疆,或者在夏季几个星期中侵扰一下威尔士、苏格兰,但是却不能指望这支军队有能力被派往海外(如法兰克、德意志地区)投入一场持久的战事。每到欧洲战事的关键时刻,国王与领主们之间的摩擦就会异常激烈[②],领主们根据自己的习惯,不断地为国王设置各种障碍,甚至干脆否认有义务满足国王的服役要求。

[①] "We may doubt whether it exceeded 5000. The whole feudal array of England would in our eyes have been but a handful of warriors." Sir Frederic Pollock and Frederic William Maitland, *The History of English Law before the Time of Edward I*, Cambridge University Press, 1968, p.259.

[②] F. W. Maitland, *The Constitutional History of England*, Cambridge University Press, 1920, p.275.

二、免服兵役税(Scutage)和骑士雇佣制度

受封建原则的制约,骑士兵役显然不是一种有效的军备形式,12世纪起出现的土地分化进一步导致兵役计征的复杂化,因此从这个世纪后半期起,骑士兵役制度逐渐衰落①,与之伴生的现象则是免服兵役税的征收以及骑士雇佣制的出现。但是不应期望这些变革能够对英格兰的武功发挥怎样重大的作用,因为这里越来越不是"一个为军事战争而被组织起来的社会了"②。

在很多国家的发展历史中,类似免服兵役税的举措很快便立竿见影地改变了封建兵役体系,因为如果有足够的资金,那么国王便无需受制于封建领主,他可以通过雇佣军队,进而按照自己的意愿组建一支常规军满足其统治需求。然而在英格兰,免服兵役税虽然冲击着内在的封建体系,但却并未使国王如愿地建立起一支自己的军队。仅仅在开征一个世纪后,这一制度就已经变得无利可图了,又过了一个世纪,干脆停止了。在整个历史中,免服兵役税的征收从来没有成为稳定的、常规性的王室职能,它总共只发生过40次左右,其中相当的数量集中在(1190—1240年)的50年间。③ 如果说封建制度是一种不好的社会制度,那么反封建的利器——免服兵役税应该得到鲜花和掌声。事实远非如此,但这并没有阻碍英格兰前进的步伐。

1. 第一土地保有人与免服兵役税

免服兵役税最先征收的对象是第一土地保有人,实质上是一种免除领主本人亲自服役的变通方式。亨利二世于1159年征收了第一笔

---

① 孟广林:《英国封建王权论稿》,人民出版社2002年版,第345页。
② 同上书,第346页。
③ Sir Frederic Pollock and Frederic William Maitland, *The History of English Law before the Time of Edward I*, Cambridge University Press, 1968, p.252.

免服兵役税,他把这一举措解释为能够使他的臣民有更充裕的时间安排自己的生活。① 当然它迎合了一些不愿意冒生命危险的领主们的主张,他们曾提出希望通过缴纳一笔相当于其应负兵役的钱款来代替服役。这完全是出于自利的打算,国王希望以此得到军队投入海外战事,而领主们认为,自己向国王缴纳的钱款可以相同的方式从其次级土地保有人处获得补偿。但是如果当每个领主都拥有选择权时,那么国王一定是个"可悲的出局者"(the sad loser)②。亨利二世时代,按照每份骑士领2马克的比率征收免服兵役税所获得的钱款足够国王另行雇佣相等数量的士兵为其服役。但是随着军备标准的提高和货币的相对贬值,如果仍按照旧有的标准征收免服兵役税的话,组建一支国王需要的军队是根本不可能的。1198年,雇1名骑士到诺曼底服役的费用为每天3先令;1257年,大致为每天4先令,涨幅达25%,但是免服兵役税征收的比率却从未超过每份骑士领2英镑(相当于3马克)。在与领主们的对抗中,国王似乎不具备能够单方面提高免服兵役税征收比率的能力。③ 于是,他很快就会发现通过征税来建立军队的预期不仅难以实现,而且会令自己得不偿失。

事实上,在没有战事的年份中,国王可能会允许贵族们在带领应召骑士前来服役和缴纳免服兵役税之间进行选择。但是在多事的12、13世纪,这并不是一种通常的做法,免服兵役税的征收更像是一种被迫的选择。当国王发布命令召集军队、应对战事时,很少会提及用免服兵役税代替服役的做法。通常情况下,免服兵役税是在领主们不履行其封建兵役义务的行为业已发生,且战争已经结束之后,才按

---

① F. W. Maitland, *The Constitutional History of England*, Cambridge University Press, 1920, p.275.
② Sir Frederic Pollock and Frederic William Maitland, *The History of English Law before the Time of Edward I*, Cambridge University Press, 1968, p.268.
③ "Baldwin 的研究表明对第一土地保有人增加免服兵役税征收份额的努力从来没有获得最终的成功",参见同上书,p.253.

英格兰的早期治理

照国王确定的比率进行征收。如此,拒绝服役的领主事先便无法知悉他们将为自己的行为付出怎样的代价,因为免服兵役税是个未知数(unknown quantity)。在亨利三世和爱德华一世时代,不服从征集命令的第一土地保有人所支付的款项远高于其应付的免服兵役税。对于1230年的战役,每份骑士领相对应的免服兵役税为3马克(相当于2英镑),但是Evesham修道院院长被国王责令为其所负的4½份骑士领支付的不是9磅,而是20磅;Pershore修道院院长为其2份骑士领支付了10磅而不是4磅;威斯敏斯特修道院院长为其15份骑士领支付了100马克而不是45马克。① 而此时,免服兵役税显然已经被转变为一种事后罚金(fine),即作为对领主违背效忠誓言的惩罚。这样一来,第一土地保有人便没有什么选择余地了。对于他们而言,要么遵从国王征召的命令,要么准备承担财政署针对他们违规行为所施加的不可预知的罚金。结果,在国王与他的第一土地保有人之间,封建兵役没有实质的变化,也不存在着常规性的转换形式,而且很难想象,他们会对征收免服兵役税尚存任何的兴趣。然而在次级土地保有人那里,情况却大不相同。

2. 次级土地保有人与免服兵役税

要管理栖息在广阔土地的千万民众,国王必须依靠特定的中介,才能与社会建立正常的联系渠道。很长时间里,领主担当着这样的角色。而现在,国王开始尝试着改变这一传统格局,免服兵役税便是最有力的武器。如果国王成功了,那么英格兰的命运又将会是怎样的一幅景象呢?

土地保有人的兵役是基于领受其领主分封的土地而产生的封建义务,因此他们并不直接对国王负责。随着王权的兴起,国王不会甘

---

① Sir Frederic Pollock and Frederic William Maitland, *The History of English Law before the Time of Edward I*, Cambridge University Press, 1968, p.268.

心只作领主的领主,他坚持表明自己还是全体臣民的国王。因此国王一贯努力让自己的权力能够跨越地方领主直接抵及王国中次级土地保有人。免服兵役制为此提供了理想的契机。这看上去是一件互利的事情。因为免服兵役税能够换来生命的安全,而如果国王能够用所得到的税金,另外去组建一支为其服务的军队,那么也就不必再为松散的封建兵役烦恼。如果有必要,他甚至还会要求更多的税金,建立更强大的军队,当然此时离暴政也就不会太远了。

英格兰从未就向次级土地保有人征收免服兵役税制定过统一的原则,这样的原则绝非必要。在这方面,王室直属领地的土地保有人(tenants in demesne)是最先的实施对象。与其他次级土地保有人不同,他们与国王之间具有直接的封建义务关系,因此向王室领地土地保有人征收免服兵役税并不会直接导致实质性变革的产生。也许国王只是想通过上述安排传递下列信息:即次级土地保有人所担负的兵役是服务于国王的,国王同意他们通过缴付免服兵役税的方式来履行兵役。而在此之前,免服兵役税只针对第一土地保有人,次级土地保有人没有选择的机会,地方领主只是根据自利的打算,来权衡是否缴纳免服兵役税。鉴于大多数人宁愿交税也不愿去冒生命危险,因此如果国王仅仅是因为希望寻找一种服役的替代方案,那么向领主征收免服兵役税似乎就可以达到同样的效果——领主缴付了免服兵役税通常意味着他会要求其次级土地保有人以同样的方式履行兵役,以弥补损失,差别仅在于领主向国王缴纳,而次级土地保有人须向领主缴纳。但是正如前面所述,国王不希望甚至拒绝接受领主们通过缴纳免服兵役税的形式履行兵役,因此国王向次级土地保有人兜售免服兵役税的目的至少还应包括对社会控制权的争夺。

既然国王认定次级土地保有人享有权利选择是否亲自服役,那么国王就有理由主张:领主不得随意向这些次级土地保有人征收免服兵役税,他们只能在向国王证明自己完全履行了封建兵役义务或者为其"不作为"支付了所需的全部罚金,并向国王申请得到专门的免服兵役税征收令状(writ de scutagio habendo①)之后,才能凭此令状指示地方郡长,由郡长代为向次级土地保有人征收。至少到亨利三世时,地方领主已经无权自行征收免服兵役税了。② 虽然在这样一个复杂的程序中,国王的"恩典"必不可少,但是必须再次明确的是,向次级土地保有人征收的免服兵役税此时仍归其领主而非国王。国王并不是其臣民的直接监护人。

在适用免服兵役税之前,次级土地保有人对其所担负的封建兵役必须亲历亲行。只有少数极特殊的情况下,他们才被允许派其他人代为履行。否则,将受到没收地产的惩罚。免服兵役税的适用——特别是当次级土地保有人越来越认为自己应当享有选择权利时,他们便开始不断地向领主主张可以不去服役,而只需交付免服兵役税即可,并且只在经国王获准征收时,才有缴纳的义务。这一转变,进程缓慢,但可贵的是,它的完成并不纯粹是国王施舍的结果,而是通过次级土地保有人长期不屈不挠的斗争换得的。而普通法的传统也始终向我们展示着相同的真谛:权利、自由是每个人积极抗争所获得的回报,任何人都不应奢望在逃避责任后,还能从上帝那里祈求自由这份礼物。

对于领主而言,不向国王履行兵役将面临不可测的重罚,因而不得不按封建约定到国王的军队中继续服役,但是另一方面,却是次级土地保有人越来越坚定地声称他们是自由民,不应当被强征参战。而且在实践中,人们发现,即使他们拒绝领主们服役的要求,那么除了按

---

① Sir Frederic Pollock and Frederic William Maitland, *The History of English Law before the Time of Edward I*, Cambridge University Press, 1968, p.270.
② Ibid., p.274.

照国王法令所规定的比率缴纳免服兵役税之外,就不会再有更糟的结果了。由于这笔税金是由领主收取的,一般情况下,国王也不会规定很高的税率,因为国王是不会愿意他的对手获益的。久而久之,次级土地保有人所属的兵役土地保有权首先在事实上,其后在法律上最终转变为交税停役土地保有权(tenure by escutage)。在这种情况下,领主们不得不另外雇佣一定数量骑士向国王服役。我们也应该注意到13世纪后半期所发生的一个异常隐晦的变化过程(exceeding obscure process)①,即王国中的第一土地保有人"成功"地减少了其原先应向国王承担的骑士兵役的份额。根据12世纪的定额,教会(ecclesiastic baron)总共应担负784份骑士兵役,但是当爱德华一世于1277年征召军队时,教会负担的份额减少到100多一点,13名骑士和35名卫士(serjeant——2名卫士相当于1名骑士),是国王能够从教会征集到的全部士兵。世俗贵族(lay baron)看上去也取得了相同的待遇。②伯爵Humphry de Bohun只负担提供了3名骑士。不应认为这些王国中的大人物有能力胁迫国王而使封建义务获得减免。此时的国王已经奠定了自己在英格兰政治生活中的核心地位。因此,骑士兵役份额的减少只说明以定额分摊制为基本特征的封建兵役体系濒于瓦解。对于贵族们而言,减少骑士兵役份额是无奈的选择,因为他们已经逐渐丧失了对次级土地保有人的控制能力。国王涉足其间使显贵们不能再像从前一样强迫他们的"封臣"履行兵役。成片的土地被分割为大大小小的地块,原先占有土地的封建兵役土地保有人现在却大声而自豪地宣告自己是自由民。

但是另一方面,国王也并没有得到多少回报,因为英格兰并没有

---

① Sir Frederic Pollock and Frederic William Maitland, *The History of English Law before the Time of Edward I*, Cambridge University Press, 1968, p. 275.

② Ibid.

英格兰的早期治理

为其提供足够的财源。尽管英王被认为是同时代欧洲最富有的国王,他也常常通过临时雇佣一支军队缓解战情,但是国王不能强制征兵,而且庞大的王室开支经常使其陷入财政危机。为了筹集军饷,国王不得不求助于他富有的臣民。每当战事开启,国民大会便会随之召开。而此时,教士贵族也总会抓住时机表达对国王的不满,要求国王遵守传统与习惯。不管怎样,在这个时期,王室的运转并不像一个现代政府那样依赖于税收。① 不是国王不希望如此,只是它没有如约而致。有理由相信在12世纪末、13世纪初,欧陆战事频繁的时间里,免服兵役税

---

① 这里有必要对英格兰的财政状况作一简单说明。在这个时期,王室的运转并未像一个政府那样如此依赖于税收。当然并不是国王不希望如此,税权一直是他可望而不可即的权力。与之相应,王室岁入清单上的项目却十分庞杂。大到各种各样的特许权的买卖(很长时间里都存在着这样一个自由市场[free market]);小到封建制度中的监护权、婚姻权;从卖官鬻爵,到不计后果地贩卖法律(令状曾经被约翰王当作商品一样随意地买卖),为了增加王室收入,国王无所不用,其手段几近厚颜无耻的地步。但另一方面,作为王国的最高统治者,国王的不择手段恰恰说明这样的一个根本性问题:奢华的生活常常使国王囊中拮据,但每当此时,国王根本没有什么体面的途径来解决财政难题,以致他不得不让渡权力来弥补开支。特许权不是永久性的,每一位新国王都会对它重新主张一番,但是作为习惯,国王是不能随意收回的。无论是贵族的特权,还是城市的特权,往往不是一件坏事。在防止建立专制王权的问题上,前者成为对抗王权最经常使用的武器;而后者则滋养萌发了在近代英国法律史发展中举足轻重的商人阶层。对于国王而言,纯粹的收益主要来自于:(1)王室领地的收入,诺曼征服后,英格兰国王成为最大的土地所有者,虽然国王时有新的封赏,但另一方面,也不时的有罚没充公的土地补充进来。在这一点上,英王与其他大地产者没有什么本质的差异。(2)土地继承时的纳献(relief)。(3)直接税,包括新耕土地税、亨利二世开征的动产税。(4)免服兵役税和封建贡金(aids)。在这些项目中,前两项无法成为全国范围内常规性缴纳的收入,而后两项则都不同程度地受到了1215年《大宪章》的影响,其中封建贡金与免服兵役税一同受到了清算,《大宪章》规定除了三项固定的封建贡金之外,国王不得索要其他形式的捐助;另一方面,贵族们间接地将"未经同意,国王不得征税"的宪法性原则引入了英格兰政治生活中,这一条款成为今后英格兰抵制国王税收要求的最有力的法律武器。即使国会制度在爱德华一世时代形成后,税收(tax)开始逐步成为提供王室公共开支的正常性渠道时,我们也看不到英格兰存在着全国性的税收体系,因为税款数额的确定和缴纳,都是在国会上,国王通过各阶层代表协商分摊完成的。参见 F. W. Maitland, *The Constitutional History of England*, Cambridge University Press, 1920, pp.92—95。对国王财政权力的成功控制,对于中央王室法院的兴起间接地发挥了重要作用。因为,当国王的一些财源被迫中断后,他开始寻求其他的渠道增加王室收入,王室法院的重要性日益凸现,它为国王提供大量的财政收入,购买令状、诉讼费金、罚款罚金构成了王室稳定的收入来源。"司法中不仅有大钱",而且又能够以一种社会均能接受的方式实现国王的治理目的,这也是王室法院越来越成为普通法治理重心的原因之一。

曾一度成为全国性的税收。迫于严峻的局势,国王已经无法顾及领主们的不满而开始直接向次级土地保有人征税。但心存芥蒂的领主绝不会甘心让国王的命令顺利执行,战事的节节失利便是"不合作"的最好体现。当理查被俘、约翰丧失诺曼底领地,贵族们迎来了要求国王为其专横付出屈辱代价的时刻。在以兰顿为首的贵族们的逼迫下,约翰王被迫屈从,签署了著名的《大宪章》,其中明确规定:未经同意,国王不得征收免服兵役税(Cap. 12. No scutage or aid is to be levied in our realm except by the common counsel of our realm.①)。试想如果免服兵役税当时只意味着约翰王要求其第一土地保有人在缴纳免服兵役税或者履行兵役之间进行选择的话,那么贵族们强迫国王确认"不得征收免服兵役税"的行为简直不可理喻。正如前面所述,在缴纳免服兵役税和履行兵役之间,第一土地保有人们会毫不犹豫地选择前者。因此,只有当免服兵役税成为一种全国性的税收,并直接威胁到领主们利益的时候,他们的反应才会如此强烈。当然,也正是贵族们完全自利的行为,才收紧了国王的钱夹,并从根本上避免了军事暴政的威胁。亨利三世时,贵族们越来越主张自己代表了整个社区的利益,他们有时也会迎合国王的要求,向国王提供一笔被冠以"免服兵役税"名义的钱款,用于军事远征。

三、民间武装(民团)的发展

作为对封建骑士兵役制度的另一种补充,英王要求所有的男性臣民都必须武装起来,他迫使每个拥有财产的人都成为骑士,即便他们并不保有兵役土地。民团可以说是与骑士雇用制同时出现的另一个解决兵源的渠道,所不同的是:全民的武装不再是权宜之计,它逐渐成为中世纪英格兰最常规的军备形式。

---

① J. C. Holt, *Magna Carta*, Cambridge University Press, 1992, p.455.

英格兰的早期治理

到了亨利二世统治后期,1181年,国王颁布了《军备条例》(the assize of Act),推动全民武装(national force)的"复古"进程。① 很显然,亨利最初的目的只是要在封建兵役体制之外建立更为有效的防御机制。根据亨利的法令,即使最贫穷的人都应至少拥有长矛和盔甲,他们应根据国王颁布的令状,以郡而不是以封建领地为单位进行集结。亨利三世在细化了一些条款的基础上,颁布敕令,重申了1181年《军备条例》。这一敕令进而成为其子爱德华一世著名的《温彻斯特法令》(the statute of Winchester)的蓝本。《温彻斯特法令》颁行于1285年,距亨利二世的《军备条例》恰好一个世纪。法令规定:每名15—60岁的自由民,都应根据其财产数量拥有防御武器;从财产不少于15磅价值的土地和40马克财物的人必须配备无袖铠甲、铁质头盔、佩剑、匕首和马匹到要求只装备自己的弓箭,所有的人被分为5个等级;他们将以百户邑为单位,每年二次由选出的治安官(constable)负责核查。② 与之相联系的事实是,值勤守卫、治安缉拿(the duties of watch and ward, hue and cry)等古代职责同样落在了整个社区身上。可以想象一下,当人们必须时刻准备拿起武器保卫国家的时候,他们又何尝不会以相同的方式来保卫家园、保卫自由、财产和安全。

全民武装的英格兰并不是一个黩武的国家。根据《温彻斯特法令》,国王不能随意地征召动员全民进行战斗,特别是对外征服。虽然爱德华一世曾要求一些郡挑选定额的自由民远征苏格兰,但是对于《法令》是否规定了进攻性职责的争论一直不绝于耳,而且由于在大多数情况下,没有人愿意或者能够负担军事行动所必需的开支,因此

---

① 我们应当知道,至少是在自卫战争中,每个人都应当武装起来抵御外敌是一条十分古老的责任,但是全民武装在任何其他地方都没能完全融入常规军备中。参见 F. W. Maitland, *The Constitutional History of England*, Cambridge University Press, 1920, p.276。

② 孟广林:《英国封建王权论稿》,人民出版社2002年版,第347页。

也就不存在建立常备军的可能和必要。① 近代之前,虽然每逢时局动荡须征募军队的时候,法令并不总是被严格遵守——自愿应征和强征混杂其间,但是一俟战争结束,军队便会立即解散。16 世纪出现的都铎王朝专制主义倾向,也不是依靠任何一支常备军来推行的,"这是那段历史中最瞩目的事情。"一二百名由自由民组成的护卫队以及另外一些驻守于要塞的士兵是国王常年供养的全部军队。② 真正为英格兰带来军事独裁危险的不是国王,倒是将查理一世送上断头台的克伦威尔(1599—1658 年)——英格兰共和国的缔造者。在他之后,复辟的查理二世利用权力在和平时期维持了 5000 名正规军。詹姆士二世将这一数量增加到了三万,但是一切的危险在 1688 年光荣革命后成为历史,《权利法案》规定:和平时期在国内征募或者维持常备军,未经议会同意,即为非法。海军是唯一的例外。英格兰四面环海,漫长的海岸线曾使英格兰饱受海盗的侵扰和异族的入侵,但是一旦这个国家在海洋方面变得强大起来,一支不停游弋的舰队便足以保卫疆土的安全。英格兰舰队是由国会支持组建的,在他们看来,这并不会使"王权"成为问题。

除了权力制约机制外,自然环境无疑也有助于英格兰免受军事荣誉

---

① 全国性的征募动员令(commission of array)在爱德华二世、三世时代经常可见。但是国王并不愿向征召的士兵支付报酬,他们要求各郡来负担此类开支。各郡则坚持认为《温彻斯特法令》没有规定应由他们自行负担各郡防务之外,甚至是被派往域外执行任务的士兵的报酬和装备开支。于是抗议之声四起,1327 年,爱德华三世治下,平民院请愿道:根据《法令》他们不应当被强求负担军备军饷;除非由国王支付,否则他们也不应当在郡辖区之外承担军事义务。在各方的压力下,请愿书以法令的形式予以确认颁布。其内容如下:国王命令,任何男性臣民不应被要求负担超过其从祖辈时代业已继受下来的装备标准;任何人都不应被强令派往所在郡之外的地方执行军务;在必要或者发生敌人突然入侵时(不受上述限制),但同以往一样,军事行动应当置于国家防御的限度之内。该法令与《温彻斯特法令》共同被收入《法令集》(the statute book)。参见 F. W. Maitland, *The Constitutional History of England*, Cambridge University Press, 1920, pp. 276—277。

② Ibid., p. 278.

的拖累。① 大部分与英格兰有关的战争都是在英格兰本土之外发生的（法国边省、意大利、伊利比亚半岛），而一条英吉利海峡便把欧洲大陆熊熊燃烧的战火阻隔于千里之外。相反，如果一个国家整日处于战争的现实威胁下，那么即使是最爱慕自由的民族也会产生破坏自由的倾向。为了安全，人们不得不求助于强大的军事力量，这进而为专制独裁者提供了进行军备扩张的借口。法律松弛、军政高于民政，久而久之，就会削弱人们爱好自由的天性和权利的观念，甚至习惯于把军政府看作自己的保护人，看作自己的长上。英格兰岛国的地位——"这一特别幸运的情况，在很大程度上有助于保持该国至今还享有的自由……假如相反，大不列颠位于大陆上，而且由于这种情况，不得不（它必然会如此）使其国内的军事建制与欧洲其他列强的军事建制共同扩张起来，那么大不列颠在今天多半会同这些列强一样成为个人专权的牺牲品"②，这一点对于普通法权力制约机制得以长期保持具有同样的重要意义。因为当任何一方的野心被各自拥有的军事力量激发时，总会给予他们以强烈的诱惑和极大的便利来牟取一种赤裸裸的征服和统治。然而正是因为缺少这一利器，在英格兰历史中貌似你死我活的主张和反对声浪的背后，无论是国王还是显贵只能尝试着制约而非消灭对方，非此则讲台上的慷慨激昂终将被战场上浮尸百万、流血千里所代替。从12世纪后，英格兰的骑士在法律上逐渐脱离了等级的范畴，而变得只与财产

---

① 英格兰的军备形式很难适用于其他欧洲国家。欧洲大陆的平坦地势以及毗邻的疆界，使得军队入侵的速度几乎和一国得到其被入侵的消息同样迅速。在这种情况下，如果一个国家等待他的敌人在领土上出现后才开始准备防务，征召士兵，那么在组织起有效的防御之前，国家便已经沦陷了。

② "这一特别幸运的情况，在很大程度上有助于保持该国至今还享有的自由，尽管还普遍存在贪污和舞弊。假如相反，大不列颠位于大陆上，而且由于这种情况，不得不（它必然会如此）使其国内的军事建制与欧洲其他列强的军事建制共同扩张起来，那么大不列颠在今天多半会同这些列强一样成为个人专权的牺牲品。这个岛国的人民有可能——虽然并不容易——由于其他原因而遭受奴役；但是不可能被其国内通常维持的少数军队的威力所奴役"。参见汉密尔顿等：《联邦党人文集》，程逢如、在汉、舒逊译，商务印书馆1997年版，第38页。

有关,因为在必要时,国王可以要求每一个有财产的自由民都成为骑士。当英勇无畏的骑士风范日益成为祖辈传奇经历的时候,我们可以看到一种新的骑士精神在英格兰浮出水面。骑士的身份开始与特定的公共职责相联系。他们充当陪审员、郡法院的代表、治安维护者;在王国日常政治生活承担起越来越多的公共事务,他们参与法律实施、关心权利问题,这使人们愿意将骑士们看成为一个值得信赖的群体——是英格兰日后发展起来的热衷政治的乡绅阶层的前身。

第五章　国王的地方代理人

诺曼征服之前英格兰的版图中就已经出现了郡的建制,但是它们并不是人为安排的结果,而是由原先彼此独立的公国并入英格兰王国后逐渐形成的。从管辖事项上看,它们也更像是构成英格兰王国的组成成员,而不是地方行政单位。诺曼征服将郡确定为基本的地方行政建制,并通行全国。同其他行政区划(百户邑、乡镇)一样,各郡曲折的边界体现出很低的合理化程度。当然相比之同时代苏格兰地图所表现出来的各郡区划的随意性,英格兰的设置并不会让人产生太过强烈的反应。毕竟,当征服者威廉重新分封土地的时候,应该已经关注到对整个王国的治理问题了。正因为如此,在其他地方经常可见的因边界争端而引发的武装冲突,在英格兰的历史上,只是一些琐碎的小事(petty nuisances)。[1] 而爱德华时代,关于郡的总体设置和地理边界一直延续至今。[2]

一、郡长——国王地方代理人的产生

英格兰王国形成之前的大不列颠处于若干公国并存的状态。每一

---

[1] "Their small significance in English history and their rapid descent into the category of petty nuisances show how that struggle was decided." See Sir Frederic Pollock and Frederic William Maitland, *The History of English Law before the Time of Edward I*, Cambridge University Press, 1968, p. 533.

[2] F. W. Maitland, *The Constitutional History of England*, Cambridge University Press, 1920, p.39. 主要是新设北部诸郡,如 Lancashire。

个公国都保留着由日耳曼部落时代兴起的部落大会(tribe assembly)的传统。它们由自由民组成咨议会(folk-moot),选举公国的国王,国王们开始仅有权处理日常的小事务,重要的事项则应放到咨议会上进行商讨。在英格兰王国形成过程中,各个公国被不断地并入新的王国之中,成为王国各郡,但并未因此丧失独立实体的地位。原来公国的国王成为地方执政官——郡守(the ealdorman);咨议会转变为郡集会(shire moot),它既是一个司法机构,又是一个政治议事机构。但是此时,古代英格兰的最高地方执政官已经不再由地方选举产生,而开始由英格兰国王和国民大会共同任命。① 考虑到国民大会本身主要便是由这些地方郡守组成的,因此地方执政官的任命完全不同于我们所熟悉的近代国家对于地方官员的任命,从某种意义上讲,古代英格兰的地方郡守与其说是国家的官职,不如说是地方的首领、封建初始化阶段的世袭封建权贵。他们统揽司法行政军事大权,主导地方的议事审判机构——郡集会,其权力几乎不受什么实质性约束。那时,地方唯一可以与之分享权力的是教会。在俗界和灵界司法管辖没有明确界限的古代英格兰,作为王国唯一开化的阶层,教士们与郡守以及后来的封建领主一道把持着案件的审理工作。除此之外,不知从何时起出现了被称为 shire reeve 的地方官职,一般认为这是地方郡长(sheriff)的前身,因为它是英格兰第一个受命于国王的王室官员,代表国王的利益。

初来乍到的诺曼人带给地方行政的影响极其有限,他们只是用自己熟悉的法兰克语"the comitatus"作为对古代英格兰郡(shire)的新的官方称谓②,郡集会也被相应地冠以郡法院(county court)的名称。如密尔松所言:如果说有些郡法院是行政管理的产物的话,有些看起来则像是

---

① F. W. Maitland, *The Constitutional History of England*, Cambridge University Press, 1920, p.39.

② Ibid., p.41.

从前独立王国的管理实体。① 虽然在赫斯汀斯战役中英格兰旧有的封建贵族战死了许多,但诺曼征服者们很快就填补了留下的空缺,地方事务仍旧操纵在封建贵族手中。只是此时,在继受的仪式中增加了接受国王封赐并佩带象征权力之剑等等宣誓效忠的过场。世袭的伯爵不仅是封建领地的领主,而且也是他们领地所在郡的实际统治者,主导着地方法律机构。不仅如此,许多诺曼王室成员和教士还获得了额外的王室特权,如切斯特伯爵(Chester duke)和达拉谟大主教(Durham bishop)统治下的郡就完全是一个"独立的王国"②。

待到秩序基本稳定后,英格兰的诺曼国王便开始致力于消除封建割据对王国稳定所具有的潜在隐患。国王向地方委派由他任命的地方行政长官(sheriff)是王权开始向地方进行直接渗透的重要标志。起初,这些王室官员的角色只是协助伯爵们治理各郡的寒微小吏或者王田上的管家。③ 但是随着王权的日益强大,这些派驻地方的王室行政官员,开始以国王代理人的身份,借助国王的力量逐步将封建领主的势力排挤至他们各自的自留领地(demesne)之中,于是原先的伯爵助理取代封建领主成为了地方各郡的最高长官——郡长,郡法院的主持人。

作为地方主要治理机构,一方面,郡法院可以被看成是国王对抗封建领主的装置;但另一方面,它的内部运作机制又客观上为郡长行使权力设置了限制。此外,封建领主仍可以通过主张封建特权不断地排斥郡长的管辖要求。这对于今后英格兰地方自治传统的形成具有重要作用,至少在新兴乡绅阶层所推动的"公众政府新要素"尚未活跃起来之前,封建领主的特权是对抗专制王权的有效保障。

---

① S. F. C. 密尔松:《普通法的历史基础》,李显冬等译,中国大百科全书出版社 1999 年版,第 5 页。
② F. W. Maitland, *The Constitutional History of England*, Cambridge University Press, 1920, p. 41.
③ 孟广林:《英国封建王权论稿》,人民出版社 2002 年版,第 60 页。

二、地方代理人制度的推行

（一）主持郡法院和进行巡审是郡长权力行使的主要方式

1. 郡法院

不管是出于对英格兰传统习惯的尊重，还是基于纯粹政治策略的考虑，诺曼征服者沿袭了古代郡集会的制度。在其后的很长时期里，郡法院都是英格兰王国中最主要的法律实施机构之一。相比之下，中央司法体系倒是之后才缓慢发展起来的。[①] 在日益强大的王权支持下，郡法院曾是地方平衡封建法庭的主要制约力量。当诉讼请求人申辩他无法从封建法庭得到公正判决时，国王有权发布令状，指示郡长干涉案件审理，或者将该案直接提审到郡法院进行审理。13世纪末之前，对郡法院的管辖权没有任何明确的限制，正如郡长的权力一样，它们均取决于国王与贵族、教会权力较量的结果。当王权强大的时候，郡长主持的郡法院可以根据国王的令状对全郡所发生的任何案件行使管辖权，但是总的来说，这种管辖权的行使从未成为固定化的职能，郡法院所能够提供的只是来自国王的随意性救济。在地方，封建司法管辖权仍然是一条普遍的管辖原则，在大多数情况下，封建法庭是案件的主要管辖机构，即使当事人认为审理不公，他们也不能直接诉诸郡法院，而必须先到国王那里购买令状，并根据令状的规定到郡法院进行诉讼。由此可见，郡法院既不是初审法院，亦不是上诉法院，当然更不能认为是郡长的法院，因为它是由全郡主要的土地保有人共同组成的。郡长的职责是主持法院——他负责召集开庭，管理法院，受理诉讼；郡长规定诉讼程序，

[①] 梅特兰甚至认为，从某种意义上讲，封建司法管辖权正是通过争夺郡法院管辖权而形成的。参见 F. W. Maitland, *The Constitutional History of England*, Cambridge University Press, 1920, p. 106。

发布命令,但是他不进行裁判。每当需要作出裁判的时候,郡长应当将这一工作留给郡法院的全体出席者——"审判人(the suitors as doomsmen)"。虽然相关的证据很少,但是作出这样的推论也并非空穴来风。因为在整个诺曼王朝时代,这种组织和运作方式几乎是王国各种法庭通行的规则。在御前法庭的审理中,国王会要求出席王廷的高级教士、贵族共同作出裁判;而后来王室法院中的裁判职能也部分地交由新兴的陪审团享有。至于郡长的态度在判决中所具有的分量,《亨利敕令集》有如下隐讳的记载:如果郡法院的出席者(审判人)对裁决有不同意见时,郡长作为法院的主持人有权采纳他所倾向的判决,但是提出各自意见的出席者的爵位和声望都是郡长进行甄别时必须予以关注的事情。①

亨利一世之前,郡法院的固定会期十分有限,不可能实际处理太多的法律事务。亨利一世曾明令规定:郡和百户邑集会将遵循忏悔者爱德华时代的习惯(每年二次);但如果为了王室事务,需要增加会期时,它们将受到召集。② 这一法令说明,郡法院的固定开庭期每年大约只有二次,但是从亨利一世开始,根据国王的要求,郡法院召开的次数不断增加,郡法院也因此变得比以往更加能动。正是这一时期的有关法律文献(《亨利敕令集》)使我们确切地知道国王在不时地通过令状指示郡长干涉地方事务。

2. 郡长巡审制度(the sheriff's turn/tourn)

在英格兰,郡被进一步划分为区,区的称谓有百户邑(hundred)、百

---

① Sir Frederic Pollock and Frederic William Maitland, *The History of English Law before the Time of Edward I*, Cambridge University Press, 1968, p.552.

② "Henry I ordains that the counties and hundreds are to sit as they did in the Confessor's day and not otherwise; if morefrequent sessions are required for royal business, they will be summoned." Ibid., p.539.

家村(wapentake)和选区(ward)三种。① 百户邑的称谓最为普遍,因此作为通称使用。每个百户邑都设有百户邑法庭对辖区进行管理。在对这一行政区划控制权的争夺中,一部分百户邑法庭落入了国王手中,它们由郡长指派的监守官(bailiff)把持;但大部分百户邑法庭则一直掌握在私人(领主)手中,其中大多数人都享有王室特许权(franchise)。

通过郡法院对辖区实施治理不是一种有效的形式。不仅召集郡法院开庭审理本身就不是一件简单的事情,而且基于任何严谨的态度,我们都不应把百户邑法庭看成是郡法院的下级法庭,因为没有一件诉讼案件可以因主张审判不公而从百户邑法庭上诉到郡法院。②

作为对地方的常规性控制手段,不知从何时起发展形成了一套郡长巡审制度。郡长巡审系指郡长每年二次逐一对郡辖区内的百户邑所进行的全面检查。每到一地,相应的百户邑法庭都将交由郡长把持。所有在审案件的当事人、联保户的主保人(the chief representative of frankpledge)、每个乡镇的治安官及其他四名乡镇成员都必须到庭。表面上看来,郡长是代表国王行使权力的法官,但是事实上,位列一旁的案件当事人根本就无事可做。③ 最初,郡长巡审的主要内容是确认每个人都被编入了十户联保体系,以建立王国治安体系。

对郡长巡审制度推行的最大障碍在于,大部分的百户邑法庭并不掌握在国王手中。领主们经常利用其享有的特权对抗郡长的管辖要求。亨利二世在通过《克拉伦登敕令(the assize of Clarendon)》赋予郡长新职能的同时,曾指示郡长在核查联保制度的问题上,对有无特许权的地域都应当一视同仁。④ 对这一条令的实际执行情况我们不得而知,但是

---

① wapentake 的称谓出现在 Yorkshire, Lincolnshire, Derbyshire, Nottinghamshire;Ward 被最北部的几个郡使用。参见 Sir Frederic Pollock and Frederic William Maitland, *The History of English Law before the Time of Edward I*, Cambridge University Press, 1968, p. 556。
② Ibid., p. 557.
③ Ibid., p. 530.
④ Ibid., p. 559.

1255 年财税档案有关威尔特郡(Wiltshire)所属 39 个百户邑的记载却表明:只有 16½个百户邑是国王控制下的税区,其他则掌握在私人手中,其中 13 个百户邑的直属领主更是禁止郡长进入其领地实施巡审。①

(二) 地方代理人职权的强化

作为地方最高长官,郡长是一个诱人的职位,它为实现权力野心提供了更大的机会,即便这常常被冠以国王的名义。12 世纪早期,郡长曾一度有成为世袭职位的趋势。为了重新控制地方权力,亨利一世在一些重郡任命了新的地方代理人——地方最高司法行政官(local justiciar),用以取替那里的郡长。由于他们被赋予了更加专断的权力,因此贝克认为他们是真正意义上的总督。② 但是这样的安排却为斯蒂芬乱世的出现埋下了更大的危机隐患。斯蒂芬在位期间,杰弗里·德·曼德维尔(Geoffrey de Mandeville)就明确地警示过国王:如果不加以控制,这些地方总督将会篡夺国王的权力。经历乱世,进入格兰维尔时代后,昙花一现的地方总督从此消失。

不知是否因为地方代理人制度的不力,才促使亨利二世着手创设新的法律设施——王室法院。要知道曼德维尔现在已经成为亨利二世座下的最高王室官员——摄政大臣(justiciar),同时他也是亨利二世派出的第一位总巡法官(eyre)。为了恢复乱世留下的失控局面,1170 年,亨利二世针对王室地方官员的忠诚以及办事功效,通过有组织的全面巡查,进行了一次短期而审慎的考核,获得国王专门或全面委任的王室法官被派往各地。在就有关王室权力、地方行政效率以及王室官员行为进行调查期间,"正是各郡贵族、骑士、自由民回答了针对郡长的询问,

---

① Sir Frederic Pollock and Frederic William Maitland, *The History of English Law before the Time of Edward I*, Cambridge University Press, 1968, p.558.

② J. H. Baker, *An Introduction to English Legal History*, Butterworth & Co(publishers) Ltd., 1979, p.14.

这些土地保有人提供的信息直接导致许多亨利二世的地方代理人遭到免职。"①金雀花王朝的法律创新以及国王任免权的行使在当时并没有对郡长职权本身产生实质的影响。虽然,国王一方面通过对郡长的全面审查(inquest of sheriff),处罚和撤换了大部分郡长;但是另一方面,由于被当作国王的侍从,全郡几乎所有的事项——行政管理、军队、财政、司法、治安均被纳入郡长的控制之下。在1166年《克拉伦登敕令》中,亨利命令郡长负责对经由每一百户邑12人和每个乡镇4人共同宣誓控告的抢劫、谋杀和盗窃行为进行调查。之后,郡长还被授权征收免服兵役税、征召军队。在地方法律事务中,郡长的角色也随着职能的扩张,逐渐冲破了郡法院主持人这一传统形象的限制,开始从英格兰最重要的法庭主持者,慢慢变成了接受上级中央机关命令的传达者,成为独断的审判者,不过这可能正是郡长日益衰落的原因。② 人们追溯普通法司法权威的源头,大凡都会首推金雀花改革,但是与此同时,一种我们并不陌生的科层等级制统治的威胁也已经隐约可见。同样是王权扩张的载体,英格兰完全可以选择在中央政府和地方郡长之间建立起上下级隶属关系,通过更高级别的官僚机构的监督郡长,加强地方控制,推行王政。如此一来,不断地完善官僚授权体系以及在官僚集团内部建立分工制约机制以实现国家治理的路径,似乎远比建立一套精致繁琐的普通法司法控制机制更为简单便捷。从这个意义上讲,尽管郡长在13世纪后半期的没落看上去是因为王室法院将原先许多属于郡法院的管辖权收归己有,但是我们决不应当被认为王权是导致这一转变的唯一因素。

---

① J. C. Holt, *Magna Carta*, Cambridge University Press, 1992, p.48.
② S. F. C. 密尔松:《普通法的历史基础》,李显冬等译,中国大百科全书出版社1999年版,第6页。

三、对地方代理人的制约

亨利二世卒于1189年,理查一世继位。因其热衷于十字军东征,史称"狮心"理查。终年在欧洲大陆进行征战使得理查很少过问英格兰国事。其在位9年半,只去过英格兰2次,前后停留不超过5个月,而行程目的也只是搜刮钱财,供其大陆战事之需。在这段时期,英格兰基本上是由1194年继任的摄政大臣——贵族休伯特·沃尔特(Hubert Walter)主政。如果说亨利二世通过法律革新、机构创设,引领英格兰社会步入成熟的同时也是王权臻至鼎盛,那么从12世纪末到13世纪,则出现了相反的趋势——限制王权,要求国王遵守传统与习惯成为了这个世纪的主题。约翰王的滥权是引发1215年反叛的直接诱因,但是《大宪章》最终关注的却是整个社会制度。对此,霍尔特(J. C. Holt)写道:国王作为推动12世纪社会实验最积极的力量因素,这并不要紧;因为如今学生们正在教授老师那些他们曾经教授过的课程,而这正是英格兰社会成熟性的标志。①

"郡长不是裁判者,而只是郡法院的召集者和主持者"——这一传统在亨利二世死后得以重申。1194年,沃尔特就曾提出"自理查初次加冕之后,没有郡长将在他的郡内或者是他管辖的郡中充当法官"②。这可以说是《大宪章》载入限制郡长权力条款的征兆。1194—1209年间,郡长或其手下在所辖郡内审理的20多起案件担当了法官;而到了1213年,作为平息不满的一种手段,约翰王采用了其祖辈创设的审查方式——由总巡法官先后在14起案件中,对郡长相关的行为进行了

---

① J. C. Holt, *Magna Carta*, Cambridge University Press, 1992, p.35.
② Ibid., p.299.

调查。① 虽然这些审查有助于国王的臣民起来反抗吸食民膏的地方官员,但国王更为关注的显然是自己的利益。1215 年,贵族们借用了相同的程序,通过每郡 12 名骑士组成的陪审团,全面调查郡长的"败坏风尚"(evil customs)②,但是这次却有着不同的目标和重点——国王的巡查为的是建立一个高效和忠诚的地方政府;而现在人们却用相同的方式表明,他们有权按照自己的意愿塑造地方政治。1215 年诞生的《大宪章》,作为英格兰历史中反抗王权所取得的最为重要的胜利成果之一,也第一次用法律的形式对郡长权力设定了实质性限制。《大宪章》第 24 条明确规定:郡长、治安官、验尸官、监守官等王室官员均无权审理王室诉讼(No sheriff, constable, coroners or other of our bailiffs may hold pleas of our Crown)。1217 年,进一步规定:禁止两次集会的间隔不足一个月。③ 之后郡长按月召集郡法院逐渐成为惯例。与自上而下的制度安排相比,地方自身的回应和变化更值得我们关注。它们深入社会日常生活,因而具有更为持久牢固的制度影响和价值。

(一) 13 世纪的郡法院和郡长巡审制度

对于郡法院的程序规则,没有明确的法律加以规定。但是这似乎并不影响我们通过具体的案例记载作一番管中窥豹。1226 年,在郡法院庭审中,林肯郡(Lincolnshire)郡长与郡法院出席者之间所发生一场激烈的争论,有助于我们了解郡法院的实际运作情况以及郡长、出席者各自在法院事务中角色。

> 郡长在郡法院主持案件的审理,从黎明到晚祷时分,由于光线不足,留下了许多未及审理的案件。于是,郡长告诉领主的管家、骑

---

① J. C. Holt, *Magna Carta*, Cambridge University Press, 1992, p. 325.
② Ibid., p. 48.
③ S. F. C. 密尔松:《普通法的历史基础》,李显冬等译,中国大百科全书出版社 1999 年版,第 6 页。

士以及出席郡法院的其他人,他们应当在第二天一早出席法院、审理案件并制作判决。第二天,郡长就座后,发现骑士和领主的管家们仍然滞留在法庭之外,便吩咐他们进来,开始审理。但是郡长的要求却遭到了拒绝,其中一些人甚至进入法庭明确告诉郡长,郡法院的一次开庭期应当只有一天。由于郡长一个人不能作出判决,因此,他就将案件原被告当事人暂时安排在了百户邑法庭,共计7宗案件未得到审理。之后,郡长在 Ancaster 地区 10 个百户邑范围内组织了一个法庭。许多人包括骑士均被传唤而至。在这些人中,有西奥博尔德(Theobald),Hauteyn 以及来自 Humby 的休(Hugh)。在经过审理后,郡长指示骑士们作出判决,但是西奥博尔德此时却站起来说他们不应在这里——在任何郡法院之外的地方进行裁决,因为他不久前在王廷与切斯特大主教、伯爵以及其他重要人物讨论过此事,而且他确信他们本应在三个星期前就该接到国王免除他们出席郡法院和参加案件审理的令状了。郡长答复道,在确实接到相反的命令之前,不应当停止为贫苦的人主持公正,因而他再次要求骑士们及其他出席者作出裁决。对此,出席者要求暂时回避,由他们自行讨论一下这件事情。在商讨之间,西奥博尔德和休来到众人面前,抗议道:郡长的做法是对《大宪章》和特许权的侵犯,并建议大家不予裁判。当他们回到法庭,西奥博尔德作为发言人,宣称:他们没有义务作出任何裁决,并且奚落郡长,要他出示来百户邑进行审理的委任令。郡长答复道,他认为作为国王的郡长和监守官,他已经拥有充分的授权。说罢,便拂袖而去,致使这次审理无果而终。此时,约翰·马歇尔(John Marshall)的管家托马斯·菲兹·西蒙(Thomas Fitz Simon)向休提出异议,他认为向郡长要求委任证明是不对的,倒是休应当说明为什么郡长不应如此审理案件。其后,托马斯签署了一份判决,但他的行动得到的只是轻蔑的回应:"这就是你的判决,你的主人真应该在这里,好让我们告诉他,你是怎样办事的。"①

从上述这个实例中,我们可以看到,郡长因《大宪章》的签署而丧失了自行判决的合法性基础之后,开始向郡法院召集人的传统角色回归。与之相应的则是,一种多数原则在13世纪的郡法院议程中逐步被确立起来。虽然郡法院所适用的地方习惯中均包括郡长主持会议的规则,但是在缺乏通讯联络条件的情况下,一成不变的开庭日程表和开庭地点就有了非常重要的意义。从上面的记述中,我们可以确知,在一般情况下,人们习惯性地认为在经过一满天的庭审后,郡法院就应该休庭,直到下一个开庭期到来为止。而对开庭时间和地点的突然调整甚至会造成一种司法拒绝。② 亨利二世时,郡长被要求对其行为负责,并须接受处罚。但是到了爱德华一世时代,据 Hengham 说,如果郡法院作出了错误判决,那么郡长不应受到惩罚。对此他解释道,郡长能够避免偏袒和无知,因为判决是由郡法院作出的,而且由于郡长常常只是拥有少量财产的人,他也没有能力支付罚金。③ 由此可见,此时的裁判责任已经明确地落在了郡法院,即社区整体的头上。④

合议原则同样被适用于郡长巡审制度。这一转变部分应归因于王室法庭和陪审团制度的产生和发展。到了13世纪末期,当郡长巡审各百户邑时,除了那些乡镇和联保户的代表外,12名自由土地保有人组成的陪审团已经成为必不可少的设置,而郡长则必须在陪审团的

---

① Sir Frederic Pollock and Frederic William Maitland, *The History of English Law before the Time of Edward I*, Cambridge University Press, 1968, pp. 549—550.
② "尽管某些法庭会选择在这个与那个市镇间轮流开庭,可是,当约定的地点从中部的一个市镇变成位于该郡另一端的市镇的时候,就会导致人们的抗议"(S. F. C. 密尔松:《普通法的历史基础》,李显冬等译,中国大百科全书出版社1999年版,第6页)。
③ Sir Frederic Pollock and Frederic William Maitland, *The History of English Law before the Time of Edward I*, Cambridge University Press, 1968, p. 546.
④ S. F. C. 密尔松:《普通法的历史基础》,李显冬等译,中国大百科全书出版社1999年版,第7页。

"协助"下履行职权。此时,郡长巡审的内容一般涉及三个方面:(1)核查联保制的执行情况;(2)受理对重罪疑犯的控告,郡长可以决定对疑犯实施逮捕、监禁或保释,但是已无权进行审判,案件只能交由总巡法庭或者履行提审囚犯委任令(delivery to gaol)的特别巡回法庭进行审理;(3)负责审理那些通过交纳罚金便可结案的轻微侵害案件。针对郡长的巡审内容,即所谓的审查条目(the articles of the view),乡镇和联保的代表将在陪审团面前进行陈述,对此,只有陪审团有权决定是否接受或补充其陈述中的遗漏。郡长应根据陪审团签字确认的陈述状,决定签发对重罪疑犯的逮捕令,或者以国王的名义宣布对那些轻微违法者以判处罚金的形式进行宽大处理(declare in the king's mercy)。[①]

长期以来,在英格兰的地方政治生活中,不论是郡长还是后来的治安法官,如果仅从其行使的职权上看,那么根本无法厘定他们究竟是法官还是行政官。但是作为公共权力的行使者,从他们的行为范式中,却无一例外地可以感受到一套自下而上的权力约束机制的存在。但另一方面,我们也应该注意到,地方司法事务中的多数原则,与王室法庭中实行的陪审制度不尽相同。根据现在所使用的法律概念,案件审理通常分为"事实审"和"法律审"。陪审团负责对案件所涉及的法律事实进行确认后,对案件具体法律责任的裁量便应交由职业法官负责。但是在社区法院,不论是陪审团还是郡法院的出席者,他们的职能显然要能动得多。他们不仅有权认定事实,而且裁决最终也是根据他们所具有的法律常识来制定的。因此,到了后来,人们逐渐认为郡法院的出席者是一些郡内比郡长更了解法律的人士,而且它们均可以对法律拥有自己的解释。爱德华一世时期,即使是在国王直接控制下的地方(如巴拉

---

① Sir Frederic Pollock and Frederic William Maitland, *The History of English Law before the Time of Edward I*, Cambridge University Press, 1968, p.559.

丁领地［Palatinate，享有王室特权的领地］），在王室法官的协助下，由地方治安官主持的宫廷法庭（Palatine court）中，召集而来的法庭出席者也不会理会王室法官的抗议，径直决定案件应适用的法律①。此时，没有任何理由怀疑，在地方社区法庭，法庭的出席者已经成为真正的审判人了。在其他一些场合中，郡法院的出席者甚至主张，他们的法院所作出的判决在被王室法院提审之前，必须由全郡所有的贵族以及他们的管家、全体审判人来决定是维持还是修改这个判决。这样的审理方式使我们很容易联想到韦伯所定义的"人民司法"。为此，我们不妨憧憬一下郡法院审理的场景——一幅充满了各种嘈杂之音的画面。在这里，每个人都有机会根据不同的利益诉求，对案件发表不同的观点和看法。没有一定之规，也不应期望能够在多数情况下达成一致，因此延误和拖沓似乎无法避免。从各种角度看，郡法院都更像是一个政治集会，而缺乏有效率的程序规则使得它难以胜任一个合格的司法机构，这也许正是郡法院司法管辖权在13世纪后半期日渐衰落的重要原因之一。

在爱德华一世治下，作为政治性集会场所，郡法院仍最为重要，骑士们代表它们出席国会。但作为一个法律实施机构，郡法院已经失去了大部分职能。《格罗塞斯特法令》（The statute of Gloucester）规定：任何争议标的低于40先令的诉讼不得诉诸王室法院（no action for less than 40 shillings is to be brought to the king's justices）。但是，王室法官们随即却将其解释为：超过40先令的争议不得由地方法院受理。40先令曾经是笔不小的数目，它相当于一个自由民一年的收入，因此直到在亨利七

---

① Sir Frederic Pollock and Frederic William Maitland, *The History of English Law before the Time of Edward I*, Cambridge University Press, 1968, p.551.

世时代,郡法院仍然一个月接着一个月地召开。① 但随着货币的贬值,郡法院的管辖权很快就变得微乎其微了。

(二) 新的地方法律设置的产生

1194 年,新的地方官职产生,3 名骑士和 1 名教士由郡法院选举出来成为王室私产管理者(后来又称验尸官[coroner],其职位仅次于郡长)。② 他们协助处理王室诉讼,制作诉讼档案,并以此监督郡长,确保因王室诉讼产生的司法收入能够上交国王。应该说在 13 世纪的大部分时间里,郡长都是地方上举足轻重的人物。但是也正是从这个世纪初开始,郡长便在一点点地失去其原有的权力,而到了世纪之末,新的地方法律设置——治安法官的萌芽已经出现,并且注定要将郡长取而代之。

早在 13 世纪,郡骑士便不时地被委派进行治安管理,他们看上去是由郡法院选任的。骑士们的主要职责是协助(很可能是监督)郡长履行维持治安、逮捕罪犯(keep the peace and arrest the malefactor)以及征募民团(employing militia)等职责。在 13 世纪中期的贵族战争期间,他们正式以治安管理员的面目走上前台。任命首先出现在那些郡骑士已经作为地方要员执掌权威的地方。1285 年,著名的《温彻斯特法令》颁定。虽然这部法令只是一部合成品,是对治安防务等方面行之已久的一些地方性措施的重申,但是它却具有不可替代的重要意义,因为这是第一次以全国性法令的形式将警务与军务明确界定为两个紧密相关的地方管理职能。最初,巡回法官受命推行《温彻斯特法令》,但这并没能如愿

---

① 直到在亨利七世时代,郡法院仍然一个月接着一个月地召开,因为 40 先令在此时还是一笔不小的数目。在审理程序上,陪审制度未被采纳,宣誓证明无罪(compurgation)的古老制度仍然得到沿用。参见 F. W. Maitland, *The Constitutional History of England*, Cambridge University Press, 1920, p.132。

② Ibid., p.43。

发展成为一种常规。与之相应的则是,地方治安管理员越来越自然地与这一职能联系在了一起。在这方面,1287年对治安管理员的任命具有标志性的意义。爱德华一世于该年前往加斯科涅(现法国西南部地区)筹备战事,为了保证他离开英格兰期间的社会秩序,国王第一次正式委任了一些地方治安管理员承担治安职责。这本来是国王临时性的安排,但是为了迎合现实的需求,这一措施逐渐成为一种人们熟悉而有效的治安模式,治安委任令开始通行全国。① 因此,可以说,虽然《温彻斯特法令》并没有明确规定治安管理员的职责,但却为其提供了一个制度发展的平台。直到爱德华三世之前,有关司法职权都没有正式写入委任令,但是作为治安法官的前身,当地方治安管理员根据1300年特许条例,被委任听审并裁定有关违反《大宪章》及《狩猎场宪章》②行为的控告时,潜在的司法权能已经开始逐渐形成。③ 14世纪后半期,治安管理员被正式任命为治安法官,并领受每审期每天4先令的报酬。1388年,国会立法规定,治安法官每年开庭审理四次(to hold their sessions four times a year),这成为了英国季审法庭名称的由来。在国会的支持下,这种法院机构发展十分迅速,成为普遍的地方法律设置。国会还不时地赋予它们新的权力。其管辖范围甚至扩展到除叛国罪以外的几乎全部可控罪行(indictable offences),但是对于有些疑难案件,治安法官仍应当暂时搁置,留待巡回法庭审理。至此,季审法院已经取代郡法院,成为郡辖区内的主要法律治理机构,而郡法院则转变为一个完全

---

① 国王通常会正式颁发治安委任令,或者,至少会发布公告督促他的臣民在他离开英格兰期间,对维护和平秩序勤勉尽责。See Anthony Musson and W. M. Ormrod, *The Evolution of English Justice*, Macmilian Press Ltd., 1999, p.84.

② 据《元照英美法词典》(法律出版社2004年版)的解释,《狩猎场宪章》(Charta de Foresta)是亨利三世在位第9年修订的有关狩猎场法律汇编,据称是《大宪章》的一部分。

③ Anthony Musson and W. M. Ormrod, *The Evolution of English Justice*, Macmilian Press Ltd., 1999, p.50.

英格兰的早期治理

审理小型民事案件的法庭。①

　　在郡法院的审理程序上,陪审制度未被采纳,宣誓涤罪(compurgation)的古老制度一直被沿用。与之不同的是,治安法庭适用陪审制度,因此它较之前者更为理性化。伴随着这一地方法律设置的出现,普通法也显现出西方法律传统独有的特征,即政治与法律的分野。作为这一传统,法律被要求委托给特定的人实施,而且这些人不应由选举产

---

① 1327年,爱德华三世即位不久,一部适用全国的法律即被通过。该法规定:品行端正的自由民应当被委任管理治安。1330年的新法令重申了这一原则,同时规定:如果被控者将面临监禁,那么诉状应由负责治安管理者呈送至提审囚犯法官(the justice of gaol delivery)。这意味着,作为治安的维护者,他们已经具有接受陪审团控告,并提交控诉状的权力。但是他们无权进行审理,他们应先将被控告者收监,并在王室法庭巡回时,交由巡回法官审理。1370年,新的措施被采纳。国会的法令要求王国各郡必须委任1名贵族负责维持治安,并为其配备3至4名郡内的名士(the most worthy of the county)和一些知晓法律的人协助工作。他们不仅有权逮捕罪犯,接受对他们的控告,而且在王室诉讼中,可以根据王国的法律和习惯,听审一些发生在该郡的非法侵入罪及重罪案件。自此这些治安员(conservator of the peace)获得了审判的权力。不久,他们被正式任命为治安法官。1388年,国会立法规定,治安法官每年开庭审理四次(to hold their sessions four times a year),这成为了英国季审法院名称的由来。在国会的支持下,这种法院机构发展十分迅速而成为普遍的地方法律设置。国会不时地为治安法官增设各式各样的职责,尤其是在国会长期致力于为工资标准制定法律的时期。1349年,黑死病的爆发导致了英国历史上最重大的经济灾难,近一半人口减损。尽管国会控制工资标准的做法引发了历史上罕见的1381年动乱,但国会仍未放弃这种努力。为了贯彻法令(to gain its end),国会赋予治安法官以土地所有者阶层代表的身份,他们也因此取得了更为广泛的权力,并以此强迫人们遵守法定工资制度。理查二世时代,法官委任状中,几乎所有后来依然沿用的实质性要件均已确定下来(a form of commission was settled which in all most material respects is that still in use)。治安法官均以"国王的法官"名义被国王分派到各郡。每一名法官都被授权维持治安、逮捕罪犯,每两名法官主持对被控者的庭审。治安法官的主要职责为:(1)通过平息骚乱、逮捕违法者等维持秩序;(2)在季审法院审理被告,审理采用的是通行的陪审制度。他们的管辖十分广泛,几乎涉及其管辖范围扩展到除叛国罪以外的几乎全部可控罪行(indictable offences),但是对于有些疑难案件,治安法官仍应当暂时搁置,留待巡回法庭审理。至此,季审法院已经取代郡法院,成为郡辖区内的主要法律治理机构,而郡法院则转变为一个完全审理小型民事案件的法庭。1427年,国会甚至授权治安法官规定工资标准。此时,治安法官的职权已经不仅仅是司法性质,而其包括了政府管理的权力(governmental power)。1494年,法官们甚至还开始对郡长实施直接的司法审查。亨利七世时期的法令,授权治安法官管辖关于对郡长在郡法院实施逼迫行为的控诉,并可以一种简化的方式,即不经过陪审团进行审判的方式,对郡长及其下属官员进行宣判。不经陪审团审判的做法始于15世纪,在16世纪已经相当普遍,因为国会发现陪审制度对于一些轻微违法案件而言过于繁杂(a much too elaborate)。上述内容参见F. W. Maitland, *The Constitutional History of England*, Cambridge University Press, 1920, pp. 206—208。

生。治安法官与那些组成国会的骑士们同属一个阶层。相当长的时期里,在国会致爱德华三世的许多请愿书中,都可以看到关于治安法官应当由自由土地保有人选举产生的持续性要求。但在这一点上,爱德华三世毫不退让,他把任命权牢牢地控制在自己和御前会议手中。今天看来,英国宪政的历史可以被当作一个长期争取选举权,并不断获得成功的历史。早在爱德华一世时代,英格兰人的祖辈们就曾尝试过选举郡长①,后来又希望选举治安法官。在选举法官这个问题上,选举原则虽然不断地被提出,但却最终以失败结束,只是现在似乎没有人希望普通法的法官应当经选举产生。但另一方面,治安法院绝非任意擅断的法律机器,它始终受到多元政治力量的强大制约。在各郡,治安法官虽然是以"国王的法官"的名义实施法律,但他们同时又是由地方提名和经国会授权的。在地方事务上,治安法官拥有极高的权威,但其权力却始终被代表公众利益的陪审团所分享。治安法官能够独立地行使裁判权,执行法律,确保法律的既判力,但同时其行为后果却必须受到社会各方的评估,其本人也要承受各种政治质疑和检讨,因此他们不得不时刻守护住自己的良心。每一个端坐于法庭最高处、接受人们顶礼膜拜的人都深知:只是因为公正与良知,他们才被尊重与敬仰。

---

① 对抗的结果一度导致了直到近代之后才产生的民主化倾向。爱德华一世时期,地方曾要求郡长应由选举产生,并为此进行了长期的斗争。1300年,爱德华妥协接受了选举郡长的要求,但是在他死后,很快这样的呼声便被压制了。F. W. Maitland, *The Constitutional History of England*, Cambridge University Press, 1920, p.44.

第六章 国王的法庭

自罗马帝国灭亡之后,蒙昧落后的西欧诸"蛮族"王国,由于没有深厚的国家政治遗产可资借鉴,因此直到11世纪,各王国的政治体制依旧十分简陋。"国家、政府"这些政治学概念在那个"天下为私"的年代里完全是陌生的事物。既无地方政府,也没有中央政府,最初国王主要依靠由各方权贵所组成的"贤哲会"决策为政,实现一种松散的联合。威廉征服后,在中央政治体制的构建上基本因循旧制,并无多大创新举措。所有的中央管理职能都被集中在一个被称为"Curia Regis"①的机构中——通常翻译为御前法庭(the king's court),但是必须明确指出,法庭(court)在此时并不是专门的争议裁判所,正如Curzon所言,御前法庭意指的仅仅是宫廷中专用于国王和他的咨询顾问们商讨国事的一个特定的厅堂。② 很可能同后来的财政署一样,这些机构名称的来源都是与它们最初所处的地点密切相关。组成御前法庭的人员都被认为是王国中的"贤哲(wise men)",但是从出席者的身份看,他们中的大部分是王国的第一土地保有人,拥有着贵族和高级教士的职衔,此外,一些出身卑微的土地保有人也曾不时地根据国王的喜好,被吸纳进来。

御前法庭的议事方式有两种:全体会议和小会议。有的学者认为,

---

① Curia:古罗马的元老院,后指中世纪的法庭。Curia Regis:御前法庭。在诺曼人的影响下,Curia Regis逐渐从一个王室咨询性机构,发展为中央政府的中枢机构。贝克(Baker)将其视为盎格鲁撒克逊人贤哲会(witan)的延伸,同时又是后来御前会议(The king's council)的前身,而后者进一步演化为国会(parliament)和枢密院(privy council)。

② L. B. Curzon, *English Legal History*, Macdonald & Evens Ltd., 1979, p.161.

它们分别构成了国会和普通法法院的源头。全体会议的召开日期设在每年3个重要的节日——复活节、降临节和圣诞节,召开的地点分别为温彻斯特、威斯敏斯特以及格罗斯特(Winchester, Westminster, and Gloucester)。① 每逢会期,国王都会冕旒加额、紫袍罩身,在主教、伯爵、高级修道院院长、骑士以及地方豪绅的簇拥下盛装出席,以彰表王权的庄严与显赫。会议的议程除了制定颁布新的法令外,最主要的议题便是在国王的主持下,仰仗国王的威严,平息裁判与会显要之间发生的争端,但是更多的时候,它仍然只是一个咨询性机构。不经全体会议议定、处理的要政,则由小会议经办。它主要是由国王及其倚重的王室成员、教俗贵族、亲信大臣和内府私臣组成,他们常年伴随国王左右。随着王权的扩张,越来越多的王室政令均出于此,因而御前小会议逐渐显现出中央常设政府机构的特征。它成为国王自己的法庭,也是后来出现的王室法官的摇篮。

"巡游"是国王采取的另一种主要的治理方式。早在威廉一世时,国王就亲自带领着御前法庭,在大批显要的簇拥下,巡游王国各地。这既可以督察地方,确保王令的传达贯彻,震慑那些心怀叵测的地方伯爵、公爵等大贵族,又便于在分布于各地的王室庄园就地消费,以克服因交通不畅而造成的物资运输方面的困难。② 因此早期的王权又被称为"巡游王权(itinerant kingship)"。

不论是主持御前法庭,还是巡游各地,直到亨利二世之前,英格兰的治理主要仍取决于国王个人的文治武功和驾驭诸侯的能力,因而具有典型的"个人王权"(personal kingship)的特征。但是当治理的统一性和一贯性,受到国王有形身体的局限时,一旦国王有形体灭失,常常就会因为缺少另一个"不朽身体"来保证治理的连续性而引发秩序危机。例

---

① L. B. Curzon, *English Legal History*, Macdonald & Evens Ltd., 1979, p. 291.
② 孟广林:《英国封建王权论稿》,人民出版社2002年版,第282页。

英格兰的早期治理

如,强人亨利一世死后,整个英格兰围绕"继承"问题展开的争执甚至是战争,便迅速使王国陷入无序之中。在那个时期的许多地方,都可以看到王室权威瓦解的迹象。为了寻求一种更为有效的治理,同时也为了回应自 12 世纪以来由于经济发展、土地分化、对外战争而纷至沓来的社会问题,新王亨利二世对英格兰政制进行了一番大胆而全面的创新,史称"金雀花改革"(Angevin reform)。虽然组建中央官僚机构的企图可以追溯到更早的亨利一世时期,据说摄政大臣一职以及财政署(Justiciar and Exchequer)便是在这个时候出现的①,但是直到亨利二世的改革才第一次让中央王室政府开始"像一个系统一样运转"(work as a system)②。与其他地方不同,在英格兰,由于缺少能够确保王令上传下达的地方政府机构作为制度依托,中央政府权威的确立是从建立一支巡游的法官队伍开始的,而不是直接通过中央常设机构来实现的。事实上,在普通法构建初期,巡回法庭承担着大部分的法律职能,中央王室法院的兴起甚至一度也可以看成是巡回审判制度的某种延伸。巡回法庭的使命十分广泛,其中最为显赫的法官应属总巡法庭的王室法官(总巡法官[justice in Eyre])。每当他们被派出,所有再审的案件都将在原审法院中止,并被移交给总巡法庭。任何当事人,如果希望自己的案件能够被位于威斯敏斯特的中央王室法院受理,首先就必须经过总巡法官的审理。③

---

① 亨利一世在位期间一半时间不在英格兰,为了处理政务,国王设立了最高政法官(摄政大臣[justiciar])。在政府机构专业化方面意义最重大的变化是英国最早的专业性职能部门——财政署的出现。参见程汉大:《英国法制史》,齐鲁书社 2001 年版,第 53—54 页。
② R. C. Van Caenegem, *The Birth of the English Common Law*, Cambridge University Press, 1973, p. 100.
③ F. W. Maitland, *The Constitutional History of England*, Cambridge University Press, 1920, p. 137.

一、巡回审判制度

不论是出于司法的还是行政的目的,一个适格的中央权威必须具备能够将其治理拓展到王国各地的能力,把国王的意愿渗透到臣民个体的意识之中,"而早在12世纪,人们便已经意识到这一任务能够通过巡历王国的法官队伍来完成"[①]。巡回审判制度的端倪在诺曼王朝之初便已显现,威廉一世就有派御前法庭成员到地方听讼的习惯。作为中央向地方派遣的审判机构,巡回法庭在亨利一世时出现。但是这些安排不仅带有很大的随意性,而且受令来到地方的钦命大臣多系国王临时差遣的宠臣,他们还不拥有专门的法官职位。[②] 直到12世纪70年代,亨利二世金雀花改革时,巡回审判才日渐被纳入制度化轨道,"巡回法官"则成为了正式的官方职衔。当然产生法官这一职位的实质意义此时仅仅意味着中央政府开始推行一种新的常规性法律职能即司法职能。在中央权威的庇护下,一群被赋予法官头衔的人着手从事具体案件的审理,但是这只是他们所承担的众多公共性职能中的一小部分,在大多数时间里,他们履行着各式各样的行政职能,每个人都同时保有着诸如财税大臣、内阁大臣、郡长、主教(treasurer, curials, sheriff, bishop)等等实职。

(一) 总巡法庭(the General Eyre)

1. 产生与发展

亨利二世登基后的最初10年间,是国王处心积虑收拾斯蒂芬乱世

[①] Anthony Musson and W. M. Ormrod, *The Evolution of English Justice*, Macmilian Press Ltd., 1999, p.42.

[②] 参见孟广林:《英国封建王权论稿》,人民出版社2002年版,第333—335页。

英格兰的早期治理

残局、巩固王室地位的时期。此时,英格兰的治理与他祖辈时代没有太大的区别,只有很少的王室官员被零星地派遣到王国各郡收集信息。但是这一状况在1166年有了实质性的改观。为了树立中央司法权威,亨利二世于该年颁定了《克拉伦登敕令》(the Assize of Clarendon),它是22条法令的总称。该敕令创设了一套检控重罪的程序——每个百户邑的12名以及每个乡镇的4名最有宣誓资格的人组成陪审团,他们被授权对怀疑犯有重罪的人向国王的法官或郡长提出控诉。据此,王室法官得以巡回王国审理刑事案件。

为了实施《克拉伦登敕令》,很快就从御前法庭小会议中分离出来第一个总巡法庭(the general Eyre),联合摄政大臣理查德·德·露西(Richard de Lucy)和杰弗里·德·曼德维尔(Geoffrey de Mandeville)被任命为第一任总巡法官。Eyre在古法语中是"行程、行进"(journey, march)的意思,这里指代的是被派出巡回各郡的法庭,它与稍后介绍的特别委任巡回法庭统称为巡回法庭(itinerant court/visitatorial court),两者共同续写着英格兰法律史上最悠久的巡回审判制度。总巡法庭于当年巡视王国东半部,受理那些被陪审团控告的案件和纠正错误的侵占土地的行为,但由于曼德维尔在途中过世,第一次巡回于当年10月份中止。以匡扶正义为名,既能够迎合普通民众的利益,也显示出了良好的制度成效,因此在1168—1170年的第二次巡视中,国王制定了更为周密和详细的安排,若干支巡回法庭被分派至王国各个地方。一直到1175年前,几乎每年都会进行一次巡审,派出的巡回法庭一般在3支左右。但在初始阶段,巡回审判制度仍然呈现出许多非制度化的因素。理查森(Richardson)在描述这一时期的巡回法庭时写道:这里没有固定的巡回路线,即便其中一些在后来被确定下来,也仅仅是基于从前松散的尝试;在巡回审判制度的发展历程中,每一个选择都是不断取舍和完善的一环。①

经过1166—1175年大约10年的成功尝试后,1176年1月,另一部具有重要意义的法令《北安普敦敕令》(the Assize of Northampton)颁布,王国被正式划分为若干巡回区。在紧随其后的北安普敦会议(the council at Northampton)上,亨利二世任命了18名总巡法官,他们共分为6组,每组3人,巡视全国。1179年的复活节会议,又重新任命了21名总巡法官,这是自巡回审判制度创设以来最大规模的任命。总巡法官在摄政大臣露西的统领下,分成4组巡回王国。

与早期巡回审判联系在一起的有许多杰出的人物,其中最具有代表性的是3位亨利时代的摄政大臣——理查德·德·露西、杰弗里·德·曼德维尔、格兰维尔。作为首任巡回法官、巡回审判制度的开拓者,露西曾协助亨利建立起一套完整的中央财政体制;曼德维尔则在平息斯蒂芬乱世,恢复王室地位的斗争中功勋卓著,他在第一个巡回法官任内的途中殉职,更为这一制度增添了些许的悲壮色彩。亨利在位期间的最后一位摄政大臣——格兰维尔,现在几乎被当成普通法早期成就的代名词。格兰维尔奉行积极的干预政策,在1179年上任后,他几乎每年都要亲自带领一支巡回法官队伍巡视各地。正是在这位精力充沛、作风强硬的第一长官的主持下,巡回审判制度得到了迅速地扩张。1182—1189年,总巡法庭被频繁地派出,以至于根本无法列举出它们的数量,在这段时间里每个普通的英格兰臣民都可以在不经意间发现国王的使者已经来到了他们的面前。②亨利二世统治的最后10年(1179—1189)是巡回审判最为频繁的阶段,此时不仅形成了相对固定的线路,而且也有了较为正规的程序——巡回法庭被派出前的数星期,

---

① Ralph V. Turner, *The English Judiciary in the Age of Glanvill and Bracton, c. 1176—1239*, Cambridge University Press, 1985, p. 23.

② Ibid.

会向郡长发布令状,令其做好准备,提供有关案件的人犯和罪证,按时召集全郡有关人士出席郡法院,接受总巡法官的检查。至此,一个精致的巡回体系已经形成,这进而奠定了总巡法庭作为中央司法权威最主要的代理机构的地位。

对于以上所提及的普通法法官的先驱,我们不必去质疑他们所具有的品行和才能,因为当历史使命感带给个人以巨大的荣誉感召时,他们常常能够把它当作一份"天职",自觉地约制非分的思想和行为。据说格兰维尔从未试图用自己的幕僚来组装王室法庭,或是用自己的影响和地位为其家族成员谋取优厚的职位。但是无论如何,对个人道德的推崇不足以用来评定一种制度的优良,否则我们也许就会在总巡法庭最终堕落为一种敲诈勒索的工具这一事实上自欺欺人。

2. 总巡法庭:一个全能的法庭

在1166年《克拉伦登敕令》之后,国王不断授予总巡法庭以新的职能,这一点从总巡法庭据以巡回审判的委任令中可见一斑。起初,总巡法庭受命审理郡法院在审的案件(ad omnia placita)[①];其后,又出现了《巡回条目(articles of the eyre/capitula itineris)》,它要求地方针对条目规定的一系列事项接受总巡法官的质询。委任令本是总巡法官应遵循的章程,但从中却看不出有任何的实质性限制,相反,它留给法官们以充分的空间解释自己的管辖权。对于委任令中那些抽象而笼统的措辞,没有人说得清"重罪控告"(felony)、"为了王之和平"(for the king's peace)、"请求王之管辖"(appeal)究竟意旨何物,只是有一点十分清楚,那就是委任令上下均"流溢出对国王自身利益超乎一切的关注"[②],几乎所有被认为与王室利益相关的事项均可以被纳入总巡法庭的管辖

---

① F. W. Maitland, *The Constitutional History of England*, Cambridge University Press, 1920, p. 137.

② "The articles betrayed an overriding concern for the king's own right." Anthony Musson and W. M. Ormrod, *The Evolution of English Justice*, Macmilian Press Ltd., 1999, p. 43.

之下。

受理经陪审团控告的案件和纠正错误侵占土地的行为显然不是总巡法庭唯一的甚至是最为专注的工作。有的编年史学家认为他们最关心如何增加王室岁入,因为他们更像是财税官(financial agent),四处征缴封建贡金(aids)和捐税(tallages)。不管怎样,从早期的档案记载看,巡回法官们更多地涉足于行政性事务。1170年,针对郡长的调查开始(the inquest of sheriffs);1172年,为了征讨爱尔兰的战事而征缴免服兵役税成为巡回法庭的主要职责;1173—1174年,捐税征缴被一场规模不小的反叛所打断。至少在1176年之前,很难明确这些巡回法庭中有谁专职从事司法工作。巡回法庭此时还没有自己专门的工作档案,所有的活动均被记录在财税档案(pipe roll)中①,其中罚金的数额(一种司法债务[judicial debts])逐年增加。1194年总巡法庭的主要工作就是向自治城市、乡镇和王室领地征税,以筹集国王的赎金,财税档案中记载下来的罚金数额的新高成为衡量巡回法庭工作的主要标尺。

亨利三世和爱德华一世先后为《巡回条目》增添了新的条款。亨利三世授权总巡法官调查王室官员和诸侯属下的行为。② 这极大地扩展了总巡法庭的管辖范围。由于开始受理对公职人员滥权行为的口头控告,大批量涉及人身和财产的轻微侵害案件涌入总巡法庭。一种新的诉讼形式——侵害之诉(trespass)③由此出现。但是这种职能扩张却产生了一种具有讽刺意义的负面效果,当这些原本属于地方法庭的事务被转到王室法庭寻求受理和救济时,由于不堪重负,总巡法庭变得越来越无法胜任其职责了,这甚至成为它最终走向衰败的原因之一。1274

---

① Ralph V. Turner, *The English Judiciary in the Age of Glanvill and Bracton, c. 1176—1239*, Cambridge University Press, 1985, p. 19.

② "The articles betrayed an overriding concern for the king's own right." Anthony Musson and W. M. Ormrod, *The Evolution of English Justice*, Macmilian Press Ltd., 1999, p. 44.

③ Trespass 侵害之诉,系英国中世纪出现的一种诉讼形式,只因自己身体、财产、权利、名誉或者人际关系被侵害而索赔的诉讼。

年,爱德华一世通过《权利开示令状》(a writ of quo warranto),要求总巡法官到地方巡查王室权力被篡用的情况。对每一份有关特许权的权利主张,总巡法官都要询问当事人取得权利的依据。如果被质询者无法出示特许状,那么总巡法官将替国王主张这些权利。这一做法很快便招致一片怨言,而总巡法庭则不可避免地被卷入到这场更为广泛的政治冲突的漩涡中央,因为此次触及的将是整个有产阶层的特权利益。夹在国王和由贵族、自治城市组成的利益集团之间,常常使总巡法庭陷于一种难以应对的境地。虽然这场冲突在1294年以一种妥协的方式得到了解决,但是在此之后,人们似乎已经开始考虑总巡法庭的去留问题了。

巡审期间,法官们会代行郡法院的职能,审理争议案件,并经常为弱小的当事人主持公道,以达到恩威并重的效果。但是庞杂的管辖事项决定了总巡法庭不可能将自己局限于一个"消极自敛"的司法角色,总巡法官的行为明显地呈现出职权主义倾向。由于总巡法官带来的是国王的治理,因此每到一个地方,法官将莅临郡法院,行使监督、管理和司法职权(supervisory, administrative, and judicial purposes)。根据国王颁布的令状,郡长将受命集合全郡主要的土地保有人以及各地区代表觐见王室法官;根据《巡回条目》的指示,郡长应提交一份陈述,阐明自上一次巡视以来全部的"作为、不作为和失职行为(doing, non-doing, mis-doing)"[①],不实陈述、不准确的细节描述、缉拿罪犯不力或者对王室权力微小的侵犯都将被处以罚款,由于总巡法庭的一个主要职能是为王室征集岁入,所以他们不会错过任何一次可以施以罚款的机会;特许权在后来也要被审查和重申,如果不能使法官获得满意的答复,随之而来的将是罚款甚至是特许权的收回。

---

① L. B. Curzon, *English Legal History*, Macdonald & Evens Ltd., 1979, p.172.

3. 总巡法庭的制度价值——司法治理的起步

从亨利二世起,由王室派出专员——总巡法官,定期到地方进行巡查构成了这一时期王国治理的主要措施。事实也证明,巡回审判制度是树立中央权威的有效途径。它成功地将国王的威严散布到王国各地,拉近了国王与臣民的距离。每当巡回法官到来,地方所有的机构都将中断它们的工作,所有的社区代表、主要的土地保有人都将集结于王室法官周围,接受来自国王的监督和检查。巡回审判制度是中央获取地方真实情况的重要信息渠道,它为中央治理的合理化提供了基础。从另一个角度看,巡回法庭的工作方式,即由国王委派的专员,甚至是国王本人亲自巡视,体现了一种逐郡审查、渐进控制王国的办法;在各郡,郡长也要到所属百户邑做类似的定期巡视,"于是这一制度必然导致一种趋势,那就是将各种问题从旧体制的底层转移到上层来,以便让国王直接统治他的臣民,使臣民可以直接到国王那里寻求公平和正义。"①

建立强有力的中央权威对于统一法律秩序的构建无疑具有十分重要的意义。但是,只有当我们基于如下事实,早期的巡回审判制度才能够体现出普通法文明独特的价值魅力;巡回法官也才不至于和"钦差大臣"这样庸俗的角色沉瀣一气。首先,从一定意义上讲,巡回审判制度是作为地方代理人制度的替代治理方式产生和发展起来的,是在地方没有被纳入中央官僚授权体系的前提下,国家治理模式进一步合理化发展的变革征兆。巡回审判的对象不仅仅是直接的案件当事人、某个地方官员,而是整个地方社区,因为不仅全部社区的代表要出席巡回法庭,而且法律责任常常也要由社区整体来承担。在这一点上,巡回法庭充当了地方与中央联系的纽带和桥梁。与地方代理人制度相比,巡回

---

① S. F. C. 密尔松:《普通法的历史基础》,李显冬等译,中国大百科全书出版社1999年版,第21页。

审判象征着一种有限干预政策在英格兰的形成。无论总巡法庭的职能多么庞杂,它毕竟只是一种"流动"的机构设置,因此不可能像常设的地方政府机构那样,对辖区内的日常事务进行全面的监管。虽然中央政府的主要职责之一就是说明下级权力单位对国家应尽的义务,但此时,英格兰王国的统治者已经开始选择以裁判者的身份,通过对具体行为进行评判的司法方式,向地方传递这样的期望和信息。因此可以说,巡回审判的制度化安排代表着英格兰司法治理的起步,她在自上到下通过官僚科层推行禁止性命令或者行政指令之外,为英格兰的治理提供了另外的选择。

4.命运归宿——由盛而衰的路向

各种各样的因素对12世纪末到13世纪的司法变革进程施加着影响,它们共同奠定了形成于13世纪后半期的普通法司法治理模式的基本格局。对外部作用力的考察是本文的主要切入点,因为它显然更为容易把握,而且在大多数情况下,内在的持续变革常常被视为对外部环境变化所带来的一种新的社会需求的回应。

在既存的王室法院工作档案中,我们看到的大多是成功者的形象。法官们维系着和平的秩序,创造着遵法的社会。但是问题在于这些记录下来的数据在多大程度上具有现实代表性,尤其在近些年,过分依赖于这一考据方法的研究路径一直处于批评声中。[①] 相比之下,把握一种法律政策整体的盛衰走向,更应成为我们认识历史和进行制度评估的首要任务。

作为国王的代理人,王室法官原则上只对国王负责。除此之外,不存在有效的权力约束机制。但是"绝对的权力产生绝对的腐败",对于

---

① 那个时代缺少有效合理的统计方法;留存下来的档案资料也远非充分;如果考虑到资料作者的身份和地位,很可能存在着可以炫耀政府成功的倾向,尤其在近些年来,这种研究方法一直承受着批评。参见 Anthony Musson and W. M. Ormrod, *The Evolution of English Justice*, Macmilian Press Ltd., 1999, p.76。

阿克顿勋爵的警世名言,普通法法官同样不具有天然的免疫力,广泛的职权为总巡法官进行敲诈和受贿提供了温床,而缺少有效的制约,则成为他们滥用手中权力的诱因。对于早期的王室法官而言,这似乎更是无法避免的,因为在那个时代,王室政府官员不享受固定的薪金,但是他们又被要求努力完成大量耗时费力、甚至是困难危险的任务。因此一方面,王室法官们声称,他们在履行法律职责时不得不面对威胁恐吓以及身体伤害,而另一方面却是国王的臣民,单个或者集体地,控诉官员的腐败。① 当国王忙于外交战事等其他事务而无暇旁顾,或者骑士们离开家园开赴前线时,总巡法官们便将法律掌握在自己手中,胁迫着那些留在家中不好战而又缺乏自我救济能力的臣民。于是,总巡法庭的巡审变得越来越不受欢迎了。在 1194 年,他们被诅咒是导致整个王国陷入贫困深渊的祸因;1233 年,科尼什人为了逃避总巡法庭甚至躲进了丛林;14 世纪中期,普遍的舆论是"绞死所有的总巡法官"②。

　　国王对总巡法庭职权的不断强化使总巡法官成为了英格兰最显赫的职位。与此同时,新的授权也不断地凸现出对总巡法庭实施限制的紧迫性。这种相反的趋势贯穿于整个 13 世纪巡回审判制度的发展历程中。它既是对制度的破坏力,又是制度进一步合理化发展的推动力。更为巧合的是,几乎每一次修正和变革都是伴随着战事而被提上国家政治日程的。战争在司法变革中表现出前后两种不同的作用方式。1215 年以兰顿为首的贵族兵临城下迫使约翰王签署用以限制王权的《大宪章》;亨利三世统治后期的贵族战争,人们又以相似的方式让国王妥协;但是到了爱德华一世时代,随着国会制度的建立——一个多元化的政治磋商平台形成,国会代表们开始利用对财税权的控制而非暴力

---

① Anthony Musson and W. M. Ormrod, *The Evolution of English Justice*, Macmilian Press Ltd., 1999, p.76.

② J. H. Baker, *An Introduction to English Legal History*, Butterworth & Co(publishers) Ltd., 1979, p.15. 科尼什人(Cornishmen)是凯尔特人的一支,生活在英格兰的科尼什郡。

与国王讨价还价,以一种间接而平缓的方式推动制度改革。特别是当国王急需各等级为其昂贵的对外战争提供人力和财政支持的时候,在要求司法改善和司法体制改革方面,国王更加明显地感受到了与日俱增的政治压力。①

对总巡法庭最初的限制主要体现在要求减少巡审次数方面。1215年《大宪章》规定,土地占有之诉案件必须在争议土地所在郡进行审理;国王向该郡派出2名巡回法官,与4名由郡法院选举产生的郡骑士共同审理;巡回法庭每年只能派出4次。1217年,变为每年1次,后来又改为2次。亨利三世时曾被迫同意总巡法庭每7年派出1次。从13世纪前半段国王被不断要求签署《大宪章》确认书这一事实看,不应当认为国王始终遵循着他曾经作出的承诺,因为"国王无过"(king can not do wrong),即使违反了法律,也没有人能够据此处罚国王;另一方面,也存在着要求来自中央权威主持正义、维持法律秩序的巨大社会需求。这是一个十分矛盾的时期,人们乐见国王这些流动的委托人,借助国王的权威不时地打压一下地方权贵的气焰,在很大程度上,自由土地保有人——一个自由民阶层的产生,应当归功于王室法庭对"自由土地保有权"(free tenure)这一法律概念的创制和解释,但是全能的总巡法庭并不只给民间带来福音,对权利的审查以及由此附带的司法罚没的危险,又在他们的肩头上放置了一副沉重的负担。因此,虽然在13世纪中,总巡回审仍然是一种普遍实施的治理政策,并没有严格执行《大宪章》的规定,但是由于人们反抗,总巡法庭对地方造访也不可能再像亨利二世时代那样完全按照国王的计划有组织地进行了。

1274年爱德华一世的《权利开示令状》激化了新的冲突。不同的

---

① 与以往不同,国王变得越来越依赖于国会的资助为其昂贵的战争提供资金支持,因此,国王不得不承受着日益增长的政治压力。参见 Anthony Musson and W. M. Ormrod, *The Evolution of English Justice*, Macmilian Press Ltd. , 1999, p. 86。

是,从这个时代起,人们关注的不再仅仅是总巡法庭的限权问题,而已经开始安排它的归宿了。事实上,权利开示程序从未如国王所设想的那样被全面广泛的实施,战争不断地打乱着国王的部署。1282—1284年第二次威尔士战争之后,总巡法庭便只是偶尔地被派出了。1290年国王作出了进一步妥协,他颁布了两项格罗塞斯特法令,允许自1189年以来不间断占有者享有充分的权利,而失去这些权利的人将会得到救济。1294年,在加斯科涅(Gascony,现法国西南部地区,当时仍是英王的领地)发生的一场攻击则不仅直接导致了总巡回审的中止,而且有效地停止了根据《权利开示令状》所进行的询问。这是一次典型的司法妥协,因为在当时的政治气候中,人们认为这是极其不受欢迎的事务。① 同时这也是一种深思熟虑的打算,因为国王需要他的土地保有人阶层参与到即将而至的海外战事之中,为此,国王必须极力地使贵族和骑士们相信,他们的特权和利益不会在离开王国期间受到危害。② 从后来的发展看,总巡回审的此次中断是一个分水岭,在此之后总巡法庭的衰败呈现出不可逆转的趋势。进入14世纪,虽然仍有总巡法庭被派出,但已经基本上不再承担司法职能。个别的总巡法庭会在某个郡开庭,通常与之相伴的是该郡出现了主教职位空缺,而总巡法庭的工作只是强调国王所具有的不受挑战的"封主"权威。年幼的爱德华三世登基初期,在伊萨贝拉和莫蒂默的主政下,总巡法庭曾出现了短暂的复兴,但两年后便遭废止。爱德华三世时代,总巡法庭仅仅具有象征性的意义,而理查二世时代的最后一次登场之后,她的身影就再也没有出现过。

  导致总巡法庭消亡的一个更深层次的原因是13世纪整个中央政府机构体系所发生的变革——国会和新的司法机构已经产生。当司法管

---

① Anthony Musson and W. M. Ormrod, *The Evolution of English Justice*, Macmilian Press Ltd., 1999, p.44.

② Ibid., p.81.

辖收益以及财产充公、监管收入不再成为主要的国王岁入来源时,当国王越来越依赖于经国会同意的税收收入时,为王室开支筹集资金的总巡法庭就变得无足轻重了;而当中央常驻司法机构和专职司法事务的特别巡回法庭将总巡法庭原先的司法职能全部承接下来之后,总巡法庭更是逐渐成为了一种纯粹的负担。①

(二) 特别委任巡回法庭

与显赫的总巡法庭并存的,还有另外一种类型的巡回法庭,即特别委任巡回法庭。鉴于该巡回法庭每次出巡都有专门的书面委任令限定其具体管辖的案件或者案件类型,因此与全能的、非专业化的总巡法庭相比,特别巡回法庭才是一种纯粹的司法设置。如果把巡回审判视为一套延续至20世纪的、完整的制度安排,那么可以说它的制度主体经历了一个从总巡法庭到特别委任巡回法庭实质性转变的过程。也许很难对变迁的每个具体步骤和相应的时间做细致的描述,但是为了更好地把握普通法司法治理模式发展的内在趋势,对二者进行比较分析是十分有益。毕竟对于总巡法庭而言,政府职能(行政、财税)和司法职能相互混淆、主次不分。相比之下,特别委任巡回法庭承担的则是专门的司法职能。两者从理论上的区分到现实世界中的分野,最终走向了不同的归宿——前者没落、后者延续,它们共同为古老的巡回审判制度留下了不可磨灭的轨迹,而这一历程也正是普通法司法化进程的真实写照——在英格兰人长期形成的观念中,只有法院才是受欢迎的政府机构。

---

① F. W. Maitland, *The Constitutional History of England*, Cambridge University Press, 1920, p.138.

1. 特别委任巡回法庭的出身

特别委任巡回法庭的创设①通常应归功于 12 世纪末的两项伟大的立法创造——新近侵占土地之诉(the assize of Novel Disseisin,收回新近被强夺或被侵占的土地之诉)和收回继承土地之诉(the assize of Mort D'ancestor,有关确认先人土地是否为可继承土地及主张人是否为适格继承人的诉讼)。两者分别源于 1166 年和 1176 年亨利二世发布的敕令②,而巧合的是这两项法令又分别与《克拉伦登敕令》、《北安普敦敕令》接踵而至。不知是否出于对普通法司法传统的眷恋,人们更愿意将同一年发布的不同法令视为总巡法庭和特别委任巡回法庭各自的源头。审理土地占有之诉是特别委任巡回法庭的主要管辖事项。除了新近侵占土地之诉和收回继承土地之诉之外,该法庭还负责审理一项起源更早的有关财产权的诉讼类型,即圣职最终授予权之诉(assize of Darrein Presentment),即当圣职授予权资格发生争议时,允许权利主张人诉诸陪审团,由其决定谁具有最终授予权,并恢复因他人妨碍造成的损

---

① L. B. Curzon 将特别委任巡回法庭的起源追溯到亨利一世时期,他认为 assize 指的是受国王委派的代理人在王国各地所主持的王室法院的庭审(sittings)。参见 L. B. Curzon, *English Legal History*, Macdonald & Evens Ltd. , 1979, p.173。Assize 也用来指代法令,或者根据这些法令设立的法律机构及其执行的法律程序。因此也可能是因为特别委任巡回法庭是为执行文中提到的有关土地之诉的两个重要法令(the two assizes)而被派出的,因此普通法学者在后来对早期巡回法庭进行研究时,便将此类法庭称之为 the court of assize。

② 新近侵占土地之诉(the assize of Novel Disseisin)系指,根据亨利二世于 1166 年建立的一种不动产权益诉讼。原告向国王控告被告未经法院判决、不正当地侵占了他的自由保有的地产,如果这一控告迅速及时,国王会签发给争议土地所在郡郡长一份令状,命令其召集附近 12 位自由民组成的咨审团,查看争议的土地,并在王室法官下次巡回至该郡时,向其报告咨审团的裁决,如果原告控告属实,即恢复其占有权。如果有可能,原告还可以在土地被侵占后的 4 天内自己恢复占有权。该令状只适于被侵占者与侵占者之间,而不适用于他们的继承人,且不裁定所有权。原告需在一定时效内提起,被告也不允许以未出庭请求宽恕来拖延。这一程序只适用于王室法院。根据亨利二世 1176 年一项法令的规定,收回继承土地之诉(the assize of Mort D'ancestor)系指,当有人宣称其继承地在他本人进驻之前被他人非法入侵而剥夺占有时,他可以申请令状,请求巡回法庭召集咨审团查明如下问题:(1)原告祖先去世之前是否以可继承地产的形式亲自占有争议地产;(2)争议是否超过了诉讼时效;(3)原告是否其直接继承人。如果这三个问题的答案都有利于原告,则该地产将判归原告。参见《元照英美法词典》,法律出版社 2004 年版,第 110 页。

失。由于圣职与教会土地财产权紧密联系在一起,因此圣职授予权之诉实质上是土地占有权之争。早在1164年《克拉伦登宪章》中就已经规定有这一诉讼程序,但是它并没有直接导致巡回审判制度的产生。

似乎我们可以这样认为:特别委任巡回法庭拥有与总巡法庭同样悠远的历史源头,但是在早期,这样的划分究竟在多大程度上反映了历史的真实存在,抑或仅仅存在于理论上的区分,对此没有翔实的记载可以佐证。毕竟,巡回法庭不是一种固定的、常规性的设置,它的派出取决于国王的令状。在最初的一段时期,总巡法庭是巡回审判制度最主要的载体,它所依据的是一种概括性和综合性的令状,因此无需特别授权,便可以审理土地之诉。没有证据证实亨利二世的敕令意在创设新的机构,梅特兰指出,有关的敕令早已湮没无闻,它也许只有寥寥数行。因此,很可能它只是给巡回法官的一种特定的工作指示。密尔松在《普通法的历史基础》一书中甚至没有对两者进行机构上的区分,而只是笼统地将其归纳为巡回法庭所具有的两种职能。无论如何,机构与职能一一对应的状况,在英国法律发展史初期是不存在的。一个法官担负多种政府和法律职能是司空见惯的事情。

特别委任巡回法庭的出身相当隐晦。很长时间里,她的身影只是在总巡法庭的光环中若隐若现、烁烁其间。直到13世纪,才逐渐走向前台。当然,也决不应认为总巡法庭和特别委任巡回法庭是两个前后相接的制度产物,因为应急之需是普通法制度发展的动因和特征。在点点滴滴的积累和探索中,一种行之有效的制度便会在不经意间成为人们习以为常的事物。也正因为如此,普通法的研究常常会激发出一种莫名其妙的考古热情——在厚厚的历史尘埃中寻找期盼的"真迹"。因此纵然把亨利二世的两个有关土地之诉的敕令当成设立特别委任巡回法庭的依据有待商榷,但是另一方面,在这个时期,也不能排除一些专门处理财产占有之诉的巡回法庭曾被零星地派出。特纳(Turner)认为:

在总巡法庭两个巡审期之间,一些王室法官经常会在特定的地区、针对特定类型的案件进行巡审。① 贝克也指出:产生于 12 世纪末的"财产之诉"(petty assizes)是亨利二世引入的最普遍的司法救济,而每一次对当事人双方的有效庭审都会要求根据一份个别特许状(an individual patent)组成一个单独的法庭(a separate court),总巡法庭会顺便进行审理,但是也会有王室法官被委任在总巡回审之间审理这些诉讼。② 此外,王室法官还会在休假避暑期间的途径之地,审理王室诉讼,或者是财产之诉。与全能的总巡法庭相比,这已经是些专职司法的巡回法庭了。

亨利二世时期是总巡回审最频繁的阶段,总巡法庭承担了大部分的法律事务,而理查一世和约翰王治下,又是普通法历史上公认的一段逆潮,因此,作为一种制度,特别委任巡回法庭并没有获得发展的空间。虽然 1215 年《大宪章》专门就土地之诉的巡审作出了规定,但是这更像是对某种特定的中央司法管辖权的限制,不应该认为此时特别委任巡回法庭已经成为了一种独立的制度产物。毕竟在《大宪章》之前,土地之诉应当在威斯敏斯特进行审理,或者在地方等待总巡法庭的巡审。③ 另一方面,进入到 13 世纪,伴随着整个司法体系的变革,一种新的巡回审判制度体系也已经开始酝酿勃发。由于能够为土地这一社会最重要的生活生产资料提供司法救济,又不致像总巡法庭那样带来太多的负担,因此特别委任巡回法庭越来越受到人们的欢迎。在人们对总巡法庭的不满日益增长的同时,特别委任巡回法庭却在亨利三世时代确立了自己的名声和地位。

---

① Ralph V. Turner, *The English Judiciary in the Age of Glanvill and Bracton*, c. 1176—1239, Cambridge University Press, 1985, p. 68.

② J. H. Baker, *An Introduction to English Legal History*, Butterworth & Co (publishers) Ltd., 1979, p. 19.

③ L. B. Curzon, *English Legal History*, Macdonald & Evens Ltd., 1979, p. 174.

2. 一种崭新的巡回审判体系

13世纪初,在贵族的抗争下,总巡法庭被限制了出巡次数,无法再像亨利二世后期那样被频繁地派出了。中央王室法院的独立设置在这个时期虽然已经出现,并开始直接受理案件,但是除了路途遥远对当事人所造成的不便外,中央王室法院行使司法管辖的最大难题是陪审制度的执行。要求12名以上来自地方的陪审员到威斯敏斯特参加案件审理几乎不是一种经常可行的审理方式。但是如果不能找到其他的弥补措施,这将很快导致中央司法体系的废弛。陪审制度是由英王引入的,旨在借助民间的力量抗衡地方封建权威,但是一旦人们习惯了这种主政地位以后,陪审制度又成为了一把双刃剑,它反过来成为社会力量对王室法院管辖扩张的约束。国王作茧自缚的结果部分地成就了巡回审判——这一普通法历史上经久不衰的制度,因为总巡法庭和中央王室法院受到各自局限而留下的法律实践真空,最终需要由另外一个机构承担起巡回地方、调查审判的职责。除此之外,从亨利二世金雀花改革以来一种持续发展的司法积累的结果,也从另外一个方面推动了始自亨利三世时期的司法变革。土地之诉为底层土地保有人打开了通往王室法院的大门,为了寻求更高权威的救济,这些土地保有人来到王室法院,以土地保有权受到侵犯为由,控告同级的其他土地保有人甚至是他们之上的"封主"。在他们不断往复的抗争并且不时地获得成功的过程中,王室法院凭借并发展解释了"自由土地保有权"这一法律概念。一些骑士、兵役土地保有人首先得到了王室法院的保护,成为不再依附于其"封主"、不受封建法庭管辖的"自由土地保有人"。13世纪初时,自由土地保有人的数量仍然很少,但是其后越来越多的人通过王室法院的司法救济,获得了这一身份确认,于是一个新的自由民阶层开始形成。这进而激发了寻求王室法院救济的更为普遍的司法需求。特别委任巡回法庭的兴盛在一定程度上正体现了英格兰治理的一次实质性飞跃——它旨在保障人们有更多的机会以更常规性的途径诉诸王室法院，"令状适用于所有自由民，它应返回王室法院，以便在特定时间和地点使诉讼得到审理。"①

（1）土地之诉巡回审判体系（assize circuit）的形成

变革首先发生在人们更为关切的土地争议的审理中。可以看到，13世纪后，接受专门委任令（special assize commissions）的巡回法庭开始越来越多地被派出，他们仅仅受命审理某个特定的或者单一类型的土地之诉案件，根据令状为土地权利被侵犯者提供救济。从完全意义上讲，这些特别委任巡回法庭最初承担的并不是巡回审判职责，因为开庭通常局限于特定的地点和特定的时间。巡视王国仍然是总巡法庭的职能，此时的巡回审判体系还没有发生根本性的改观。但是到了亨利三世统治末期，总巡回审被限制为7年1次，这应该是促成巡回审判体系发生变革的重要原因。虽然同期，特别委任巡回法庭也被限制为每年2次②，但是一种普通委任令（general assize commissions）却开始通行。根据普通委任令，王室法官可以在特定的若干郡内，审理所有类型的土地之诉，召集陪审团，核实证据。同总巡回审一样，特别委任巡回法庭也要依次造访地方，进行巡回。由特别委任巡回法庭承担的第一次系统化的巡审始自1273年，这一时期，他们实施着相当灵活的巡回路线。然而到了1293年，新的巡回审判体系出现了进一步合理化的安排，4条巡回路线被确定下来。③

（2）其他特别巡回审判委任令的出现及发展

13世纪中，有关刑事（criminal）和侵害之诉（trespass）的特别委任令

---

① Anthony Musson and W. M. Ormrod, *The Evolution of English Justice*, Macmilian Press Ltd., 1999, p.46.
② L. B. Curzon, *English Legal History*, Macdonald & Evens Ltd., 1979, p.173.
③ Anthony Musson and W. M. Ormrod, *The Evolution of English Justice*, Macmilian Press Ltd., 1999, p.46.

同期出现。其形式主要有两种：第一，提审囚犯委任令（commission of Gaol Delivery）；第二，就地听审委任令（commission of Oyre and Terminer）。

　　提审囚犯委任令的起源可以追溯到13世纪初，根据这一令状，国王会指示特定的法官提审某个监狱（deliver a gaol），即对这个监狱中所有在押的囚犯进行审理。这并不是一项繁重的工作，因为除了被控谋杀罪的人之外，被告几乎不受关押。① 这一时期，提审囚犯委任令更多地被指派给当地的贵族和主要的土地保有人，由他们充任临时法官来执行相应的审判工作。直到13世纪90年代初，这一令状才作为巡回审判委任令予以颁发，1294年备案于中央文秘署（chancery）。② 委任令的内容和形式此时并没有发生多大变化，所不同的是，这一委任令逐渐开始由特定的法律职业者负责执行。国王将授权威斯敏斯特的中央王室法院法官、高级律师（serjeants）或者御用律师（queen's counsel）中的任意两人提审囚犯。

　　相比之下，就地听审委任令的出现要晚得多。它是在总巡法庭开始走向衰落时，才被投入使用的。但它的出现却进一步加速了总巡法庭的颓势。亨利三世统治末期大规模贵族战争所引发的社会动荡造就了大量的侵害之诉。对此，职能繁多的总巡法庭显然无力尽职尽责。于是，作为爱德华一世1274年的一项改革举措，就地听审委任令得以产生。获得委任令的人将担任法官就地审理侵害之诉，以缓解总巡法庭的审理压力。最先获得委任令的通常是执行提审囚犯委任令的地方人士，因为两种令状管辖范围具有很多竞合之处，但是就地听审委任令的管辖范围要更为广泛，提审囚犯委任令没有授权法官受理新的控告，但

---

　　① F. W. Maitland, *The Constitutional History of England*, Cambridge University Press, 1920, p. 140.
　　② Anthony Musson and W. M. Ormrod, *The Evolution of English Justice*, Macmilian Press Ltd., 1999, p. 46.

是现在,法官们却已经获得了这样的授权。就地听审委任令创制实施不久,便迅速证明了其制度价值。作为司法构架的有益补充,它很快便被推广使用。

同土地之诉特别委任令相似,上述两种委任令的具体形式大致也分为两种——专门委任令和普通委任令,而且也只是在普通委任令出现之后,我们才可以将其提升到巡回审判的制度层面。一方面,委任令越来越多地由来自威斯敏斯特的法律职业者负责执行;另一方面,与专门委任令不同,普通委任令适用的地域范围通常延及若干个郡,当被委任的法官逐一来到规定郡内履行审判职责时,才构成了真正意义上的"巡回"审判。为了处理因1294年总巡法庭中断而积压下来的案件,根据1305年《积案处理法》(the Ordinance of Trailbaston),在刑事和侵害之诉领域进行了第一次系统化的特别巡回审判尝试。[①] 巡回期间(1305—1307年),巡回法官沿着5条路线巡回各郡。

(三) 小结:巡回审判制度的蜕变

从无所不能的总巡回审向一支法律职业者领衔的专职司法事务的巡回审判体系的转变,是13世纪发生的最瞩目的司法变革之一。在新的巡回审判体系中,特别委任巡回法庭取代了总巡法庭成为制度主体,所有的巡回法官都将完全受制于专门为每次巡审发布的特别委任令。虽然他们可能会根据委任令,游刃于土地之诉、侵害之诉以及刑事等多个管辖范畴,但是此时,巡回法庭的权力却被清晰地烙上了纯正的"司法"印记,人们无需再担心,国王的法官会在没有接到邀请的情况下,闯入他们的生活。有限的职权无法令新兴的巡回法庭臻至总巡法庭那样居高临下、威慑四方的显赫地位,但同时也有

[①] Anthony Musson and W. M. Ormrod, *The Evolution of English Justice*, Macmilian Press Ltd., 1999, p. 48.

效地使它们免于不堪累负、面目狰狞,以至于令人生厌的尴尬境地。因此与早衰的总巡回审不同,作为英格兰法律生活的组成部分,特别巡审一直被沿用至1971年,成为普通法司法制度中一道独特而亮丽的风景线。

与地方法院相比,巡回法庭代表了更高层级的中央司法权威,因此它能够提供比地方法院更强的既判力。这种相对确定的纠纷机制所带来的诉讼利益,吸引着越来越多的诉讼人涌向王室法院,寻求司法救济。作为对这一社会需求的回应,各种特别巡回审判委任令接踵而至,并逐渐承继了原来由总巡法庭行使的司法职能,这又进而降低了人们把总巡法庭当作最重要的国家治理机构的期待,因此,当爱德华一世于1294年决定中断总巡回审的时候,似乎并不会引发什么混乱,新的巡回审判体系的形成已经为各方提供了充分的回旋空间。"生于社会之需,终于社会之需"能够为大多制度变迁提供解释路径,但是需求本身的产生以及制度回应的差异性却很难从其本身得到答案。正因为此,我们更应关注的是其背后潜藏的多元化利益诉求。多维的向度才是普通法发展进路的基本特征——巡回审判制度虽然出于王室,但贵族领导下的两次反抗国王的军事行动、利用国会与国王进行的斗争以及由此带来的对总巡法庭的限制乃至废弃,也尤为鲜明地宣告着他们对制度选择的立场。

二、中央王室法院

御前法庭(Curia Regis)是中央王室政府的中枢,但它却不是一个常驻机构。在英格兰官僚体制建立之前,国王本人不得不亲自到王国各地巡视,聆听民声,督导地方。常驻某地决非明智,因为这足以使国王失去对王国的有效控制。另一方面,在约翰王失土之前,英王不得不跨海而治,在他们留居大陆期间,御前法庭作为国王自己的法庭,必须追随国王左右,因此早期中央政府不仅常常处于游动之中,而且很难对英格兰事务实施经常性的中央治理。为此,自 12 世纪起,一部分行政事务官(administrators)开始驻守于国王在威斯敏斯特的宫廷,他们在国王外出巡视或者离开王国时,授权处理日常事务,其中最主要的是财税和王室财产管理工作。亨利一世时代,财政署(the Exchequer)①从御前法庭中分离出来成为第一个常驻政府机构。12 世纪末 13 世纪初,中央普通法院(the Bench)②、王座法院(coram rege)紧随其后,进而奠定了英格兰中央常规治理机构三足鼎立的基本格局。考察王室法院兴起时所处的不同境遇以及它们与财政署、巡回法庭之间的关联是本章的一条主线,从中我们将尝试概括英格兰早期中央治理的某些特性,这些内容在我们的传统语境中都是完全陌生的东西。

(一) 财政署

财政署最初主要负责包括征缴税款在内的全部财政事务。从 12 世纪起,财政署每年都要在复活节和米迦勒节两次召集各郡郡长到威斯敏斯特商讨国库征缴事宜。在此期间,就应分担的捐税份额,总会产生不同程度的争吵与摩擦。为了解决各郡主要捐税人之间争端,财政署开始充当起裁判者的角色,并围绕财税争议管辖逐步发展形成了一套司法程序。12 世纪末,由王室法官兼财政大臣理查德·菲兹·尼尔(Richard fitz Neal)创作的《财政署对话录》(Dialogus de Scaccario)就曾

---

① The Exchequer 词源为 scaccarrium,指的是置于宫廷内专用于记账的铺着方格桌布的柜台。参见 L. B. Curzon, *English Legal History*, Macdonald & Evens Ltd., 1979, p. 164。
② 将 the bench 译为普通法院的原因在于:一是为了区别于王座法院(the king's bench);二是由其发展而成皇家民事法院被认为是普通法的摇篮。密尔松在《普通法的历史基础》一书中写道:"普通法就是在这里形成的。"参见 S. F. C. 密尔松:《普通法的历史基础》,李显冬等译,中国大百科全书出版社 1999 年版,第 23 页。

以师生对话的形式记述了财政署组织机构和争议解决程式。① 13 世纪末分离出来的财税法院(the court of Exchequer)正是基于财政署这一专属的财税司法管辖权发展起来的。

相比之其他两大王室法院,财政署在 13 世纪的大部分时间里并没有在法律领域中扮演太重要的角色。然而此后,它对司法权的追逐却为我们提供了一个更为精彩的话题。应该说这一转变与王国财政体系的发展密切相关。早在 1215 年《大宪章》中,国王征税的权力便受到了明确限制。当国会在 13 世纪后半期逐步建立之后,"未经国会同意,国王不得征税"更成为一条牢固的法律,财税权开始掌握在了国会手中。此消彼长,财政署则逐渐退化为一个以管理职能为主的机构,它主要负责管理王室财产,根据指令进行支付,接受和审核郡长提交的财务报告。在司法管辖方面,其管辖对象主要局限于王室债务人(king's debtor)。通常情况下,财政署会召唤债务人前来,要求其对不履行债务的行为作出解释,并对有关事实进行调查,然后决定免除,或者发送传票,进行处罚。但是当案件涉及基本法律问题时,财政署经常被告知应当同两个王室法院的法官合作,因为财政署熟悉的不是王国的普通法而只是他们自己的程序规范。② 然而与此同时,却出现了一种"无法压制的趋势"(irrepressible tendency)③,财政署开始受理臣民之间的争议。爱德华一世时曾禁止其如此作为,但是财政署仍然坚持不懈地根据财税司法管辖权,通过不断的法律拟制从王室法院那里争夺案件,他们极力宣称,这并不是在篡夺新的职权而只是维系古老的权力,因为财政署是一个法院。④ 13 世纪末,从财政署裂变出来的一个新的中央王室法

---

① L. B. Curzon, *English Legal History*, Macdonald & Evens Ltd., 1979, p. 68.
② Sir Frederic Pollock and Frederic William Maitland, *The History of English Law before the Time of Edward I*, Cambridge University Press, 1968, p. 192.
③ Ibid.
④ Ibid., p. 193.

院——财税法院无疑迎合了这一主张。① 向当事人颁发无以支付王室债务之诉的令状(writ of quo minus②)是财税法院争夺普通民事司法管辖权的主要法律手段。这一令状基于这样的法律拟制：即由原告向财税法院拟称自己是王室债务人，要求被告偿还借款或支付损害赔偿金，否则他将无力偿付"王室债务"。私人之间的民事诉讼原本属于普通法院(the Bench,即皇家民事法院[the court of Common Pleas])的管辖范围,财政署的主张也未免有些"强词夺理",但是仔细品味,这里却不乏一种强调个人利益优先的法律逻辑——臣民向王国负担的公共财政责任将以义务人自身合法权益不受损害为前提,而对法院权威的认同则是权利得到维护的回报。财政署的演变以及财税法院的形成至少在以下两个方面值得关注:其一,它表明司法权的行使已经成为中央政府机构主张权威的重要途径,司法管辖代表了英格兰最基本的治理范式;其二,中央王室法院之间形成了竞争性格局,虽然这在一定程度上会带来管辖困境,但是一个竞争的市场总能够给他的消费者带来比市场垄断更优的产品。

（二）中央普通法院的兴起

中央普通法院(the Bench)是皇家民事法院(the court of common pleas)的前身,它的出现标志着常设中央司法机构的兴起。关于普通法院的产生有很多不同的说法。梅特兰将其追溯到1178年,当亨利二世从诺曼底领地返回到英国时,针对人们对总巡法庭效率低下的不满和

---

① 财政署于13世纪末裂变为两个不同的部门,即财税法院(the court of Exchequer)和财政部(the Exchequer of Account and Receipt, the forerunner of Treasury)。原财政署首席男爵成为了财税法院的院长(首席法官)。从爱德华二世时代起,首席男爵(首席法官)开始由律师担任,统领着一个在财税法院专职法律事务的职业团体。参见 L. B. Curzon, *English Legal History*, Macdonald & Evens Ltd., 1979, p.164。
② 该令状于14世纪20年代第一次使用。

英格兰的早期治理

怨言①,国王重新委任了 5 名王室私臣(3 教 2 俗),陪同他亲自巡视全国,听审民间怨声。当亨利返回大陆属地后,这些新被任命的王室官员留在威斯敏斯特财政署中继续履行司法职责。② 因此,梅特兰将普通法院的诞生视为亨利二世这一新任命所带来的直接成果。但今天更多的学者却只是将其作为亨利一系列改革尝试中的一个,因而认为没有必要赋予其如此重大的意义。站在不同的角度,这些观点也许都是正确的,普通法的特征就如同密尔松所概括的:

> 这种事后看来很明显的模式,当时并非是有意识设计好的。各种机构的建立,最初都是为了应急之用。一个紧急问题出现了,自然就必须找到一个应急的处置办法。没有人知道这个解决办法以后将被视为什么制度的渊源,或者这个事情会变成其他什么事情的有效的结果……对法律机构而言,与法律本身一样,直到 19 世纪,其变革都几乎仅仅是一种应急措施的不断积累。③

虽然有诸多争论,但是大多数人均接受这样的事实,即普通法院是亨利二世改革的产物,因为格兰维尔已经提及并将这些普通法院的法官(justices in the Bench)区别于巡回法庭的巡回法官。④ 诉讼量的增加无疑是其产生的源头,它代表着法律治理需求的增长,进而促成了法律职业团体的形成。鉴于巡回法庭的规模以及在某个特定地区停留的时间都十分有限,一些疑难复杂的案件不可能都就地审结,于是总巡法官

---

① 当然起决定性作用的是国王本人的态度,因为亨利是借口 18 名巡回法官数量太多以至于王国负担过重而作出的新的任命,亨利二世显然并不满意巡回法院的工作。参见 Ralph V. Turner, *The English Judiciary in the Age of Glanvill and Bracton*, c. 1176—1239, Cambridge University Press, 1985, p.21。

② 其中,得到任命的 3 名主教 Richard of Winchester、Geoffrey of Ely 和 John of Norwich,在履任完毕后,即常规性地开始在中央财政署两个会期中继续负责案件的审理。

③ S. F. C. 密尔松:《普通法的历史基础》,李显冬等译,中国大百科全书出版社 1999 年版,第 18 页。

④ J. H. Baker, *An Introduction to English Legal History*, Butterworth & Co (publishers) Ltd., 1979, p.16。

便携带着案件和有关当事人从王国一个地方巡审到另一个地方,直至回到起点——威斯敏斯特财政署所在地,仅1178年就有来自8个郡的诉讼被带回。为了处理积压下来的案件,一些总巡法官会留在财政署继续审理。因此,在亨利二世改革巡回审判制度后不久,我们就可以看到,每次巡回法庭被派出时,总会有留下一些王室法官驻守在威斯敏斯特。特纳认为从1179年起,威斯敏斯特便已经出现了一个王室法官团体。① 当越来越多的司法工作不得不在这里作出时,普通法院由此兴起。

有关普通法院起源的另一个有争议的问题在于应该如何理清或者看待普通法院与财政署之间的关系。一些介绍普通法的著作中,将普通法院看成是一个从财政署分离出来的机构。但是现在看来,这样陈述也许过于简单。首先,从案件来源上看,早期普通法院的司法职能不应被当作财政署常规性职能的衍生物,它更像是巡回审判制度的某种延伸;其次,也是最为重要的是,很多普通法院法官都曾是御前法庭的成员,拥有王国中最显赫的地位,他们直接从国王那里接受指令,在职能上对财政署没有任何的依赖,所以不大适宜将他们降为财政署的官员,作为财政署主管的财政大臣(treasurer),与王室法官之间不存在任何隶属关系。职位的平行设置是英格兰政府机构长期保有的特征,相比之下,科层等级制的安排对于英格兰而言则完全是一种奢侈,因为国王根本就无力担负起这样精致化的官僚系统,不时的馈赠是王室政府官员从国王那里得到的全部回报。认为普通法院是从财政署分离出来的观点所依据的最主要的理由在于两者的办公地点以及开庭期的竞合。但是特纳认为普通法院法官在常设威斯敏斯特的财政署中工作,

---

① Ralph V. Turner, *The English Judiciary in the Age of Glanvill and Bracton*, c. 1176—1239, Cambridge University Press, 1985, p.19.

似乎仅仅因为：财政署所在之处是王宫中最适宜办公的部分。① 事实上，直到13世纪末英格兰对威尔士开战期间，为了给爱德华一世提供更快捷的财政服务，财政署迁到王室驻地附近之前，普通法院与财政署一直共用着同一办公场所。② 虽然最初案件审理的开庭期与财政署的会期完全相同——每年二次，集中在复活节和米迦勒节，但是这样的选择似乎也说明不了太大的问题，在被基督教浸染的国度，选择主要的宗教节日作为开庭期是通常的做法，因此不必特意地在财政署与普通法院之间建立实质性关联，当然也无需从一开始便在两者之间划清界限，毕竟接受国王授权的是具体的人而非特定的机构，亨利二世时期的财政大臣同时又是王室法官。

作为一个专门的机构，普通法院的轮廓在理查一世时代变得清晰起来。一方面，由于欧陆战事以及理查战败被俘，总巡法庭在这个时期主要忙于筹措资金以及国王的赎金，无暇关注司法事务，这使得亨利二世创设的许多诉讼改革措施陷于停顿状态；另一方面却并存着对中央司法管辖不断膨胀的需求，为此，在英格兰摄政大臣休伯特·沃尔特（Hubert Walter）的主政下，位于威斯敏斯特的普通法院开始直接受理诉讼，成为独立的法律设置。从前巡回法庭是那些希望适用亨利二世创设的新的司法程序的自由民诉诸管辖的主要地方，但是现在，位于威斯敏斯特的普通法院提供了相同的机会。"任何人只要不辞辛劳、自担旅费（take the trouble and bear the cost）来到威斯敏斯特，都可以不必等待巡回法庭，就能使他的案件获得中央权威的管辖。"③1194年，出现了专门

---

① "The Exchequer was the part of the palace most suitable for its meetings." J. H. Baker, *An Introduction to English Legal History*, Butterworth & Co (publishers) Ltd., 1979, p. 17.

② Anthony Musson and W. M. Ormrod, *The Evolution of English Justice*, Macmilian Press Ltd., 1999, p. 14.

③ Ralph V. Turner, *The English Judiciary in the Age of Glanvill and Bracton*, c. 1176—1239, Cambridge University Press, 1985, p. 68.

的普通法院审判记录(plea roll)①;普通法院的开庭期也增加到了4个,与财政署的运作有了明显的区别。② 当然在这里,诉讼当事人必须承担一大笔诉讼费用,因为这是个极度昂贵的法庭。

(三) 王座法院的出现

王座法院(coram rege / the king's bench),原意指的是国王亲临审判的机构(in the presence of/before the king),王座法院由此得名。最初,王座法院只是国王亲自主持下的,针对一些特殊案件,由御前法庭小会议成员临时组成的审判机构。由于政务缠身,国王不可能经常审理案件,因此在约翰王之前,王座法院还不能被当作一个独立的机构设置,它更多地出现在控告大贵族叛国罪的"国家审判"中。1199年约翰继位,国王开始特别热衷于司法权的行使,一方面这带有鲜明的专制主义色彩;另一方面,司法收入此时已经成为国库丰厚的来源,这大概是司法权最吸引约翰王的现实原因,历史上的约翰曾是一位以滥卖令状而臭名昭著的国王。不管怎样,由国王统揽司法权,是约翰王统治下一个主要的治理特征。当所有的案件都被带到国王身边的御前法庭小会议之后,围绕案件审理,一个新的中央王室法院——王座法院由此出现。1200年以后,这里所进行的审理活动都被记录在了一个单独的政府档案(coram rege rolls)之中。③ 理论上讲,国王是王室政府的权力之源,只要国王认为事关王室利益的案件,都可以亲自行使管辖权,这也就意味

---

① Ralph V. Turner, *The English Judiciary in the Age of Glanvill and Bracton*, c. 1176—1239, Cambridge University Press, 1985, p. 66.

② 案件数量增多所带来的审判压力直接导致了王室法院开庭期的增加。从12世纪90年代起,王室法院可能就已经开始在希拉里(Hilary term,始于1月20日)和圣三主节(Trinity term,始于5月末6月初)两个新增的开庭期内审理案件。无法确定这一举措发生的具体日期,根据特纳的考证,现存最早的圣三主节开庭期档案记录日期为1195年6月15—25日,而1196年,希拉里开庭期中判处的司法罚款已经是一笔可观的收入。参见同上书,p. 69.

③ J. H. Baker, *An Introduction to English Legal History*, Butterworth & Co (publishers) Ltd., 1979, pp. 22—23.

着王座法院可以将管辖权扩张到一切领域;与此同时,普通法院的管辖权则面临被穷尽或者被取代的境地。于是,一个现实的制度选择问题摆在了面前,普通法院将何去何从? 相信如果任由国王肆意妄为的话,那么普通法院早就应该就此绝迹了。

(四) 1215 年的选择

虽然同属中央王室法院,但与稍后出现的王座法院不同,普通法院在机构运作上体现了某种独立性倾向。不应忽视这样的事实,在约翰王失土之前,诺曼国王在英吉利海峡两边都拥有大片的属地,与根基之地——诺曼底和阿奎丹(Normandy and Aquitaine)相比,英格兰只是一个意外收获(windfall),它绝非是这个跨海而治的政治体的中心。事实上,诺曼国王把大部分的精力均消耗在了欧陆领地,对于英格兰的治理,则要"不称职"许多。① 亨利二世大部分时间都居住在大陆属地,而理查在位 9 年半,只去过英格兰 2 次,前后停留不超过 5 个月,其目的也只是搜刮钱财,供其大陆战事之需。在英格兰,财政署和普通法院更多地处于贵族出身的摄政大臣的领导之下,国王则没有太多机会去直接设计或者规划普通法院运作的每个细节,鞭策他的法官学会俯首帖耳、言听计从的习性。这些都为中央普通法院注入了许多"异质"的成分。正因为如此,当约翰继位后,便开始尝试着用新的王室法院取而代之,王座法院应运而生。

约翰王继承了亨利二世强人的外表,但却缺少其父辈的睿智。他蛮横地要求行使越来越多的案件管辖权。失去诺曼底后,国王有更多的时间停留在威斯敏斯特,他将普通法院的所有王室法官都派出进行巡

---

① 马克尧:《英国封建社会研究》,北京大学出版社 1992 年版,第 65 页。

回审判,由自己把持中央法院。① 于是,1209—1214 年间,普通法院的工作基本上被中断了。人们这样描述当时的情景:当约翰位于威斯敏斯特时,那里便没有普通法院法官的位置。但是约翰王对普通法院的排挤并没导致这一重要的司法机构的消失,相反他的不智之举恰恰对普通法院后来的崛起发挥了出乎国王预料的效果。1215 年,当英格兰贵族们反抗约翰取得成功后,在国王被迫签署的《大宪章》中明确规定:普通民事诉讼不应追随国王而应在特定的地方进行审理(the common pleas should not follow the king, but should be kept in some fixed place)。这一条款显然是针对王座法院的。众所周知,王座法院与国王之间的亲密关系,它不仅代表和维护国王个人的权力,而且作为国王亲自行使司法权的机构,它必须跟随居所不定的国王,经常变换开庭的地点(在这一点上,与御前法庭十分相像)。人们通常会有这样的心理:对手反对的便是自己应该坚持的,所以贵族们似乎并不在意普通法院也是国王的法庭。于是,原先常驻威斯敏斯特的普通法院得以恢复,并当仁不让地成为实施《大宪章》所需的永久性中央司法机构脱颖而出。从这个意义上讲,是约翰的专断换来了英格兰最古老的宪法性文件对普通法院地位的确认和保护。《大宪章》不仅增加了人们利用普通法院进行诉讼的机会,而且赋予了其制度依托。正因为如此,在普通法的历史中,相比之其他中央司法机构,普通法院更能够保持对国王的超然地位,并最终成为普通法的主要发源之地。

(五) 亨利三世与贵族的政治对峙以及中央王室法院基本格局的形成

约翰王统治末期,英格兰政治仿佛恢复到了理查一世"国王缺位"(king's absence)的时代。正如国王对司法权的独揽催生了王座法院一

---

① 李红海:《普通法的历史解读——从梅特兰开始》,清华大学出版社 2003 年版,第 122 页。

英格兰的早期治理

样,国王孤家寡人的境遇似乎也意味着普通法院将成为唯一的中央司法机构。这样的状况在亨利三世的弱冠之年得到了延续,前后近二十年中(1217—1234),王座法院完全处于中断状态。由贵族、主教、高级大臣组成的委员会成为这个时期负责大小王国事务的最高机构。委员会的构成具有明显的寡头政治的色彩,普通法院的纪录也表明他们不时地干预着司法事务。① 在这段时期,对于涉及贵族事务的中央司法管辖显得软弱无力,这恐怕是亨利三世得以恢复王座法院的重要原因之一,人们需要国王的特别"恩惠",才可能向贵族讨回公道。② 1232—1234年间发生的骚乱直接导致摄政大臣休伯特·德·布赫(Hubert de Burgh)的倒台③,而国王则借机收回权力,在成年之后的第7年终于可以向其政府发号施令了。亨利试图将所有的王室官员和政府部门都置于自己的严密控制之下。"似乎国王已经下定决心,要让王国所有最高层级的裁判都要在他的眼皮下,由那些权力不太大的,他所信任的,在任何情况下都能监控的职业法官办理。"④而一旦国王亲自审理案件,必然需要有一个法庭、一支法官队伍陪伴左右。于是,王座法院开始重建。中央司法机构设置也恢复到了约翰统治前期两个王室法院并存的状态——普通法院驻在威斯敏斯特,王座法院则继续充当国王的跟班。

---

① Ralph V. Turner, *The English Judiciary in the Age of Glanvill and Bracton*, c. 1176—1239, Cambridge University Press, 1985, p. 192.

② 从这个意义上讲,国王亲自行使司法权对于普通法的发展并非全是坏事。梅特兰做过这样的表述:"很显然约翰和亨利三世的确亲自行使了司法权,当时的理论并不认为这会对司法带来什么害处。"参见 F. W. Maitland, *The Constitutional History of England*, Cambridge University Press, 1920, p. 134;"布莱克顿指出:为每个错误提供适格的救济是国王的工作(It is the king's business to provide a competent remedy for every wrong)。"参见 Sir Frederic Pollock and Frederic William Maitland, *The History of English Law before the Time of Edward I*, Cambridge University Press, 1968, p. 203。

③ 休伯特·德·布赫(Hubert de Burgh)系肯特伯爵,1219—1232 任摄政大臣,"执英王国于掌心",是这段时期英格兰真正的主人。See S. B. Chrimes, *An Introduction to the Administrative History of Medieval England*, The Macmillan Company, 1953, p. 37。

④ Ralph V. Turner, *The English Judiciary in the Age of Glanvill and Bracton*, c. 1176—1239, Cambridge University Press, 1985, p. 200.

但是与约翰王不同,这回似乎再没有人想去图谋破坏或者颠覆这一美妙的设置了。

亨利三世的统治是个极富争议的话题,一方面是国王与贵族之间持续而激烈的对抗,"没有一个历史学家会无视亨利三世治下所发生的激烈冲突——涌动的怨气、高声的抗争甚至是公开的反叛(the simmering discontent, the loud debate and open rebellion)充斥其间,很可能没有人会站在软弱、贪婪而又无信的国王一边,然而即使是在最糟糕的时候,法律一样稳健地发展着"①;这是一个被梅特兰称为"法官造法"的黄金年代(a golden age of judge-made law)②,中央王室法院各就其位,虽然,直至1875年中央普通法院仍旧在其官方文件中沿用旧有称谓"the Bench",但是从爱德华一世统治初期起,已经开始称其为皇家民事高等法院(the Common Bench),与此同时"the King's Bench"也取代"coram Regis"成为王座法院的正式称谓③;大部分普通法,特别是土地法的轮廓也得以成型,而其后数个世纪的全部工作也无非就是往这个"不可改变"的构架中注入法律细节而已。

1. 孤立的国王

约翰王与教俗贵族之间的对峙在亨利三世治下没有太大的改观。1232年之前的大部分时间中,英格兰处于摄政大臣休伯特的主导之下,即使在亨利三世正式宣告成年(1227年)之后,仍然受到王臣的压制,无法亲政,这可能是导致亨利与贵族之间长期隔阂的重要原因。而在国王独揽朝纲后,对贵族阶层的排斥,则进一步加剧了双方的紧张关系,直至兵戎相向。特定的政治环境与法律的发展路径显然不是孤立

---

① Sir Frederic Pollock and Frederic William Maitland, *The History of English Law before the Time of Edward I*, Cambridge University Press, 1968, p. 174.

② F. W. Maitland, *The Constitutional History of England*, Cambridge University Press, 1920, p. 18.

③ Sir Frederic Pollock and Frederic William Maitland, *The History of English Law before the Time of Edward I*, Cambridge University Press, 1968, p. 199.

的两个事务。从某种意义上讲,正是国王政治孤立的状态成就了普通法的司法设置。

2. 摄政大臣职位的消亡

1232年的动荡为国王找到了解除休伯特职务的借口,但是由于对英格兰贵族阶层的怀疑,亨利没有从贵族中遴选摄政大臣。在外来势力的怂恿下①,亨利任命斯蒂芬·西格雷夫(Stephen Segrave)继任摄政大臣。虽然此人是经验丰富的普通法院高级法官,但是贵族阶层对外国势力涉足英格兰事务的反抗,却迫使亨利在仅仅两年后便解除了西格雷夫的职务。国王可能害怕那些反对普瓦提埃党而同情休伯特的贵族会强迫他再从贵族中选任摄政大臣,为其权力设置藩篱(to hedge his power)②,因此亨利不得不开始尝试着在没有摄政大臣的辅佐下亲自治理王国。③ 失去贵族的支持,从亨利二世时发展起来的司法架构此时就显得格外重要,避免在王室法院内部引发激烈的管辖争端则是一种必要的策略。由此在国王极力加强控制司法权的同时,更多地体现出来的却是一种依存关系。王座法院重建的过程以及国王对中央司法设置变动方面的小心翼翼也从一个侧面反映出国王对司法稳健的重视。

亨利三世的王座法院并没有从一开始就与普通法院并驾齐驱。最

---

① 指的主要是所谓的普瓦提埃党,亦即彼得·德·罗歇及其侄子彼得·德·里沃,由于他们都是外国人,这为英格兰贵族反抗国王提供了某些借口。1258年,贵族战争爆发前夕,贵族们进一步抱怨道:国王的来自普瓦提埃的兄弟该死地蛊惑王国说君主是不低于法律的,这便使君主外于法律,从而使正义本身被驱逐出了王国。See M. T. Clanchy, *England and Its Rulers, 1066—1272*, Blackwell, 1998, p.159.

② Ralph V. Turner, *The English Judiciary in the Age of Glanvill and Bracton, c.1176—1239*, Cambridge University Press, 1985, p.133.

③ 个人治理(personal rule)是亨利三世统治的基本特征。由于亨利生活奢侈无度,这使他常常陷于财政拮据的境地,因此不得不伸手向国民会议要钱,但另一边,贵族们却要求选举摄政大臣、内务大臣和财政大臣,并成立一个永久的委员会监督国王。对此,亨利拒绝接受。缺少互信迫使亨利开始尝试在没有大臣辅佐下亲自治理王国。参见蔺志强,《亨利三世时代的英国王权研究》,北京大学历史学系2001级博士论文。

初，王座法院更像是一个"假日法庭"（a vacation tribunal）①，因为其开庭期集中在普通法院的某个休庭期，或者巡审期间。管辖事项也十分有限，其所有的案卷档案加在一起也就相当于普通法院一个审期留下的记录厚度。但是，由于涉案人员常常是曾位居高位的王室官员，因此这些案件被特别关注。几年后，王座法院逐渐在某些方面表现出优越于普通法院的地位。它开始纠正人手不足的普通法院出现的程序错误。法官们被叫到国王面前，他们意识到自己的问题，但对于审理中遇到的这些新的事物并不清楚该如何应对。国王进而颁布令状，指令法官们在巡审期间，当遇到不明或者麻烦时，未经国王同意，不得作出判决。这就意味着悬而未结的疑难案件应在必要时，由国王及其王座法院负责裁决。如果普通法院与王座法院之间能够形成默契，这倒不失为一种有效的救济方式。

应当说，两大王室法院的管辖范围从未被清晰地界定下来。14世纪初，当王座法院开始负责审理刑事控告，成为最高刑事司法管辖机构之后，两大法院有了大体的分工。但是仍旧可以看到，王座法院在不断地通过法律拟制从普通法院争夺案源，其动机很简单，法官的报酬是由诉讼费支付的，越多的案件意味着越高的收入。即便如此，亨利三世的王座法院显然要比约翰的王座法院收敛许多。臣民之间的财产之诉（土地之诉）主要由普通法院管辖。王座法院只对其司法不公和程序错误实施审查。当然这取决于国王的态度，只有那些在国王眼里认为重要的案件将在王座法院受审，尤其是涉及王室特许权争议、特殊身份的当事人（教会领袖）以及针对显要所进行的"国家审判"。这样的安排并非全无逻辑，因为王权的直接介入，可以保障这些裁判的权威性。到了爱德华一世时代，经过亨利末期的贵族战争，英格兰实现了阶层和解并

---

① Ralph V. Turner, *The English Judiciary in the Age of Glanvill and Bracton*, c. 1176—1239, Cambridge University Press, 1985, p. 202.

形成国会制度之后,王在国会(the king's parliament/the king's council)开始成为"更高级别的法院"(higher court),这同时降低了王座法院高级管辖权的实际效用。因此,在大多数情况下,普通法院与王座法院应当被视为并行的中央司法机构。

梅特兰指出摄政大臣一职的消失具有重要的制度价值,它是中央王室法院基本格局形成过程的最后一步。① 王座法院、普通法院以及财政署(财税法院的前身)从此不再统受一个官员的领导。它们分别设置了自己的首席法官(chief justice);机构之间也有了更为明确的划分。而在此之前,摄政大臣一直是王室政府这架机器的头领,涉足王国的全部政务,无所不能。即使身在其外,也通常会通过签署所有的司法文书来保持他在威斯敏斯特的地位。② 摄政大臣的消失使得王室法院只处于国王一人之下,王室政府之内更无出其右者。除了国王之外,大臣们是没有资格插手司法事务的。在英格兰,没有对王室法院实施监察的专门机构,虽然法官们长期被当成国王的仆从,但是他们在司法事务中却享受着相当的自由度(free hand),他们负责解释、适用甚至是创造法律。这一卓越的地位不仅有效地保障了司法权能够独立于其他政府机构,而且到了14世纪,即使是国王亲自行使司法权也逐渐变成了"不寻常"(uncommon)的事情。③

三、普通法的中央司法体系

在普通法发展初期,中央司法管辖主要是由总巡法庭来完成的,它

---

① F. W. Maitland, *The Constitutional History of England*, Cambridge University Press, 1920, p. 142.

② Ralph V. Turner, *The English Judiciary in the Age of Glanvill and Bracton, c. 1176—1239*, Cambridge University Press, 1985, p. 193.

③ F. W. Maitland, *The Constitutional History of England*, Cambridge University Press, 1920, p. 143.

就如同是中央司法权威的化身,拥有几乎所有可以行使的司法管辖权。① 在这个阶段,中央司法体系是由单一的巡回审判体系构成的,威斯敏斯特行使的司法管辖权也只是巡回审判体系的延伸,其司法管辖的对象仅限于那些总巡法庭不及处理而被带回的案件。但是随着越来越多的案件抵达威斯敏斯特,不断加强的司法职能直接导致了中央王室法院的兴起。进入到 13 世纪,一幅新的法律治理图景展现于眼前。常设的中央王室法院与中央权威的地方代理机构——巡回法庭共同支撑起了普通法中央司法体系的构架。在人员构成上,二者之间具有紧密的依存关系。大部分法官在成为中央王室法院法官之前都曾长期担任巡回法官,即使就任后,也依旧要经常主持巡回审判。因此可以说,普通法的司法体系主要是由一个职业法律团体衔接而成的。相比之下,机构设置上的关联则要弱化得多。在 13 世纪的大部分时间中,中央王室法院与巡回法庭都是并行的司法机构设置②,彼此独立,各自拥有完整的司法管辖权。

司法体系内部整合的趋势从 13 世纪中期开始显现。13 世纪后期,变革的征兆已经产生,巡回法庭越来越成为中央王室法院的初审法庭,他们行使的是中央王室法院的代表权限(delegated power)。这一转变首先发生在巡回法庭法官的人事安排上。亨利三世时代,各组巡回法官的首领已经通常由来自中央王室法院的高级法官担当。此时,总巡法庭的巡审经常意味着中央王室法院某个审期的中断,因为王室法院的职业法官将离开威斯敏斯特,率领着一队队兼职法官(parties of part-

---

① "An eyre brought the count of Common Pleas to counties both in persons of the justice and in their jurisdiction." Ralph V. Turner, *The English Judiciary in the Age of Glanvill and Bracton*, c. 1176—1239, Cambridge University Press, 1985, p. 67.

② "All these commissions were independent of the two benches." J. H. Baker, *An Introduction to English Legal History*, Butterworth & Co (publishers) Ltd., 1979, p. 19.

time judge)巡回王国。① 当这些中央王室法院法官,根据巡审令状来到地方审理相关案件,特别是在应对一些关系重大的案件时,他们在各项事实调查完毕,陪审团作出裁决后,很可能并不就地作出最终判决,而是将案卷带回威斯敏斯特后再制作判决书。由于他们具有巡回法官和中央王室法院法官的双重身份,因此长此以往,判决主体的界限被不经意地模糊掉了,人们更习惯于认为这样的判决是由中央王室法院作出的。尽管这个时期中央王室法院与巡回法庭之间不存在上下之分,但是已经可以发现巡回法庭的管辖权对于中央王室法院所体现出的某种从属倾向。威斯敏斯特的法官会不时地中止巡回法庭在各郡审理的一些土地争议。巡回法官会得到指令,要求将法律与程序适用中出现的新问题留待稍候裁决。通常"让当事人到威斯敏斯特出庭"是对这些案件作出的结论。② 当然,从受案的巡回法官角度出发,许多案件也是他们不愿意就地进行判决的,或者因为法律的不确定性,或者因为当事人所享有的特殊地位,在这种情况下,回到威斯敏斯特与其他王室法官共同商讨后再进行裁决显然更为明智。

在制度方面,从13世纪起,巡回法庭开始接受中央王室法院下达的初审令状(writ of nisi prius)。初审令状与巡回审判委任令不同,它只是中央王室法院基于审理便利的考虑,对直接诉诸自己的案件,在保留制定判决权力的前提下,授权巡回法庭在案件发生地召集陪审团进行审理。1285年颁布的《初审法案》(the statute of nisi prius)对一般性原则有了明确规定。与以前命令郡长派送陪审员到威斯敏斯特直接参与审理不同,受案的中央王室法院会指令郡长:除非在规定审理日期前,初审(nisi prius)巡回法庭到达该郡,否则他应于某日召集陪审员至威斯敏

---

① Ralph V. Turner, *The English Judiciary in the Age of Glanvill and Bracton*, c. 1176—1239, Cambridge University Press, 1985, pp. 197—198.
② Ibid., p. 198.

斯特。法案进而还规定初审巡回审判每年3次,但有时每年2次,而对北部四郡则每年1次。① 在这一期间,巡回法庭将在令状确定的日期前到达,并对该案进行审理。除某些特例外,他无权进行裁判,因为这些案件是中央王室法院受理的,只有威斯敏斯特的法院才有权作出判决。《初审法令》颁布后,巡回法庭行使初审管辖便不再需要额外的令状了,因为初审管辖是一种代表权限,法律已经将其正式拓展到那些恰好巡视至案件发生地的巡回法庭。当然,初审法令并不意味着中央司法体系内部出现了审级分工——这一分工是随着15世纪上诉制度产生才被正式确立下来的。按照现在的标准,缺少审级设置的司法体系实在简陋,因为审级一贯被认为是确保司法审慎的制度装置。但是恰恰是在这种不甚精致的司法体系背后,我们却可以体味到司法对于一个法律职业团体的高度依赖性。并不是法院生产法官,而是法官主宰法院。在理查二世重修威斯敏斯特大厅正式将这里确定为王国司法中心之前,中央王室法院与巡回法庭之间并没有实质性的差别,因为王室法院的空间都是围绕着法官有形体展开的。王室法官所到之处,王室法院便随行而至;一旦法官离开,巍峨高耸的威斯敏斯特圣殿也会由此沉寂。此时,法院的全部意义仅在于法官进行裁判的某个场所或形式。从这个意义上讲,巡回法庭与中央王室法院并无二致,它经常是同一法官在不同时间不同地点履行相同司法职责的载体。

四、小结:司法治理模式的形成

依靠王室法院和王室法官实现国家治理的司法治理模式的沿革大体可以分为四个阶段。第一个是1166—1189年间确立巡回审判制度

---

① F. W. Maitland, *The Constitutional History of England*, Cambridge University Press, 1920, p. 143.

的阶段:经过最初十几年的尝试之后,在亨利二世统治的最后10年(1179—1189年),一个精致的遍及全国的巡回体系由此建立;以频繁的总巡回审为主,辅之以一定数量的王室法官在中央财政署每年二次固定会期内处理巡回法庭不及处理的法律事务,是这一阶段治理的主要特征,依托王权,中央司法权威得以确立。司法治理模式发展的第二个阶段是理查一世在位的10年间(1189—1199年),由于理查一世战败被俘,巡回法庭忙于筹集赎金而无暇兼顾法律事务,这就要求有新的中央司法机构担负起相应的司法职能;于是,在摄政大臣沃尔特的主导下,一幅新的治理图景开始出现——中央普通法院正式成为一个独立的机构设置,直接受理王国各地诉至威斯敏斯特的案件,它的审期也相应增加到了4个;普通法院、财政署、巡回法庭成为三个并行的中央治理机构。第三个阶段涵盖了约翰王和亨利三世的统治时期,这是普通法司法治理模式不断完善的阶段,王权与中央司法权的关系成为这一时期的主题;约翰王之前的历任英王都将大部分时间耗费在对欧洲大陆领地的治理上,但是从约翰起,大陆领地的丢失最终让英王成了"居家国王",这也使他们有条件对司法权进行直接的控制;于是,约翰创建了自己的王座法院,一度将原来的普通法院取而代之;但是在贵族们反对国王的斗争中,这一图谋不仅没能得逞,而且直接导致王座法院在1215—1234年间的中断;与之相应,普通法院却根据《大宪章》安排牢固地确立了自己的地位;随着亨利三世重建王座法院以及摄政大臣一职的消亡,英格兰从此进入到普通法院、王座法院以及财政署(财税法院的前身)三大王室法院鼎足而立的时期。似乎可以这样认为,虽然同为王室法院,但是普通法院是在杰出的摄政大臣沃尔特(可能还应加上其前任格兰维尔)的领导下发展确立的,国王的权力意志同样不应被忽视,因此在普通法院和王座法院先后历经沉浮之后,所形成的并行格局不妨被当作一种长期妥协的结果。第四个阶段表现为司法体系内部所发生的实质性变化:爱德华一世时代,总巡回审逐渐被专职司法事务的巡回审判所取代,一个新的巡回体系开始"破茧而出";中央王室法院与巡回法庭不再各自为政,它们开始共同构筑起一个统一的中央司法体系。

伴随着司法治理模式的形成与发展,普通法世界呈现出明显的司法化进程。具体表现在两个方面,其一是中央法律治理机构的司法化;其二是官僚管理班子的法律职业化、专业化。在这方面,我们可以看到,全能的总巡法庭如何从迅速发展,到逐渐受到制约,走向没落;与之相应的则是特别委任巡回法庭逐步取代总巡法庭成为主要的巡审主体,并最终纳入到统一的中央司法体系之中;中央常设机构的行政化职能不断萎缩,司法职能不断扩张。财政署征缴税款和封建贡金的权力在贵族们成功地反抗下被极大地限制之后,司法收入逐渐成为王室收入的稳定来源之一。与此同时,来自中央的司法干预也日益为社会各阶层所欢迎。随着案件数量的增加,司法职能在日常工作中占据了愈来愈重要的地位。王室法院逐渐成为连接国王和普通臣民的主要法律载体。格兰维尔(Glanvill)到布莱克顿(Bracton)的时代被公认为早期法律职业化发展的黄金年代,它包括亨利二世统治的最后10年、理查一世、约翰王在位期间和亨利三世弱冠之年。在亨利二世时代,那些开始专注于司法事务的王室法官应当被视为法律职业者的先驱,尽管他们此时还兼任着各式各样的行政官职、承担着大量的行政事务;理查一世治内,一个职业法官团体开始出现,他们只须承担少量的行政事务;约翰王及其子亨利三世任内,职业法官团体的轮廓变得十分清晰,他们构成中央政府最主要的官僚团体。王权对于王室法院职业团体的形成具有十分重要的推动作用。由于王室法官都是由国王任命的,因此国王有机会通过人员安排改变原先由特权阶层垄断的职位。从亨利二世起,若干出身隐晦的王室内臣便借助与国王的亲密关系就任王室法官;

英格兰的早期治理

随着案件审理压力的不断增大,司法权威的维系不但要求法官成为一种专门的职业,而且促使人们开始强调法官必备的法律学识和司法判断力,这进一步降低了对于出身的要求;于是,越来越多的来自中等阶层、出身于骑士家庭的人士、普通的教士逐步通过在文秘署的工作以及操办其他国王委托的事务性职责,从担任临时性的巡回法官,直至被擢升为中央王室法院法官;在亨利三世治下,中央王室法院中已经看不到出身贵族的高级王室法官的身影了。① 至此,大概可以认为普通法的司法架构已经被打造成型。

围绕着中央王室法院的工作,一个各地风貌迥异的王国被连接为一个整体,王室法官则是其中的生命之线,他们缔造了一种通行全国的法律——普通法。② 普通法是一种区别于王室政令或者国会立法的判例法。法官在案件审理中,不仅要适用法律,而且在事实上通过判决宣告法律。表面上看来,它们集立法司法职能于一身,拥有着其他国家法院所无法比拟的权力。但是另一方面,这又是一个极度有限的法院。作为一种特定的公共权力行使范式,被动、消极是其典型的特征。他们无法主动地行使权力,不得不等到他人把案件提交给他们审理,因此权力所施加的对象范围通常要小得多。法官的判决完全要依赖他人提供的信息,普通法法官尤其如此,他们很少或者说更本无力依职权去主动调查。除此之外,法官人数的有限性也对法院权力的延伸构成了现实的

---

① Ralph V. Turner, *The English Judiciary in the Age of Glanvill and Bracton*, c. 1176—1239, Cambridge University Press, 1985, p. 193.

② 我们一直使用的普通法一词,应当是在爱德华一世期间或稍后的时期内开始使用的。它可以被认为是相对于特别法而言的根本法。首先,普通法系指不成文法(unenacted law),区别于国会立法和行政法令等;其次,普通法指通行于整个王国的法律,区别于地方习惯;最后,普通法是世俗法院适用的法律,区别于教会法,贯穿中世纪,天主教会法院及其法律管辖着许多本应视为世俗的事项,特别是有关遗嘱和婚姻。理论上,普通法是一种传统,包括那些一直被遵循而且现在仍被遵循的法律,那些不受国会立法、王室法令控制的法律。在古代,当地方法院还强大的时候,法律是通过充任法官的自由民(the free men)口头承继而成的。参见 F. W. Maitland, *The Constitutional History of England*, Cambridge University Press, 1920, p. 22。

障碍。特纳的研究表明，亨利二世的王室法官名录上先后出现过 55 人，理查一世时期为 100 人，约翰时期为 90 人，亨利三世初期为 45 人；而他们中间长期担任法官职务的人数更是少到了近乎"神圣"的地步，亨利二世时代 13 人、理查一世 14 人、约翰 17 人、亨利三世初期 13 人，其余人员担任法官的时间则大多为 1 至 2 个开庭期。① 这样的人员构成似乎足以为我们解释为什么长期以来英格兰的法官都是平行设置而非垂直科层设置，显然对于这样一个人员有限的法官团体而言，科层制简直就是一种奢侈品。王室法院虽然能够将王国连为一体，但是大部分社会职能甚至是司法职能又无法要求法院来完成，这就需要有其他的机制来保障司法的稳健运行，来填补司法治理留下的秩序真空。在英格兰，这一角色主要是由公众参与机制来担纲的。

---

① Ralph V. Turner, *The English Judiciary in the Age of Glanvill and Bracton*, c. 1176—1239, Cambridge University Press, 1985, p. 14, p. 75, pp. 126—127, p. 192.

第七章 英格兰早期社会的民间参与机制

国王、贵族、教会构筑了英格兰早期多元化权力格局的主体,他们相互制约、彼此斗争使得任何一方都无法确立唯我独尊的地位。但是,这并不意味着英格兰的权力机制从一开始就形成了稳定的结构,事实上,国王——教会——贵族这一政治几何不断地左右倾斜,也正因为如此,在不断的政治斗争中,每一方都学会了如何重视并争取市民社会的支持。尽管直到14世纪之后,平民阶层才逐渐凭借财富的积累以及对王国财政的影响,得以作为一个整体在国会上发出独立的声音、主张平等的地位(平民院与贵族院一样成为一个独立运作的代议机构),但是在此之前,人们已经无法忽视他们的存在,几乎每一项制度成功运作的背后都可以看到他们的身影。当越来越多的社会主体通过各种渠道参与到法律和政治事务之后,不经意间,普通法大厦便被如此牢固地坐落在了一个民间普遍参与的基石之上。

一、陪审制度

自诞生之日起,陪审制度就始终是普通法国家广泛认同且行之有效的审判方式,同时作为司法民主化的体现,它的社会价值更是被无数法律学家和政治学家所关注和颂扬。对于陪审制度的起源与发展,有着种种争论,本书仍将沿袭一贯的治理视角为此提供一个阐释路径。

在不同的历史时期,陪审制度具有不同的表现形式、称谓和功能,仅在《布莱克法律词典》中便记述下了近十种不同类型的陪审团。因此，似乎很难给陪审团以一个周全的界定①，但是作为一种广义的公众参与机制，却可以体现出它一贯性的特征。

（一）陪审制度的起源

关于英格兰陪审制度的起源大致存在两种观点，其一认为陪审制度体现了盎格鲁萨克逊时期的英格兰地方习惯做法的遗留，由于诺曼征服前的英格兰王国不具备强有力的中央权威，因此这里主要处于大大小小若干公国并存的状态，各地遵循着自己的习惯和法律，他们召开公众集会，实行共誓裁判。尽管在公共参与方面，这一地方性做法与后来的陪审制度十分相似，但是从治理的角度看，它更像是中央对地方事务的放任自流，与后来作为王权扩张手段的陪审制度所具有自上而下的治理主张相比，未免有些南辕北辙了。另一种看法认为陪审制度是诺曼人的"大陆舶来品"，在诺曼人登陆英格兰之前，他们所隶属的法兰克王国曾推行过一种询问制度（inquisition），即由法王派遣王室官员赴各地，通过召集当地人并向他们质询以获取有关王室土地被私人侵占的证据和信息，由这些应召而至、经过宣誓接受询问人所组成的团体亦被称为"宣誓咨审团"。诺曼人首先将这项制度引入了他们的诺曼公国，并推广使用，成为诺曼公爵调查地方事务，实施管理的一种主要手段。入主英格兰后，这样的做法自然而然地被威廉一世施加到了新占之地。其中最著名的便是1086年开始的全国土地清查活动。由威廉派往各地进行土地状况调查的官员，召集当地居民，要求他们宣誓如实回答提出的问题，否则会受到惩罚。虽然威廉最终如愿以偿地获取了有关土地状况的翔实材料，但是这种询问制度的效率更多的是基于国王自身的

---

① 有关这方面的讨论，参见周虹：《英国近代陪审制度的历史成因》，北京大学法学院1999级硕士论文。

威慑作用,它不会给宣誓人带来任何利益,甚至被斥为"可耻",这显然缺少后来陪审制度所体现出的某些对中央权威的积极回应,因此亦不必夸大两者之间的关联。询问制度的实践大概只是给威廉的继任者们提供了这样的经验:直接求证于其臣民是一种更为有效的治理措施。

(二)近代陪审制度的开端

亨利一世效法威廉一世的做法,不断地派遣王室官员巡查全国,把那些经过宣誓的人们召集到郡法院,就皇家岁入等国王关心的事宜接受王室官员的询问;在加大对地方事务干预的进程中,对案件审理的介入更为民众所欢迎,这为他们在领主管辖之外开辟了一条新的救济渠道。亨利一世的实践为亨利二世的法律革新奠定了基础。斯蒂芬乱世之后即位的亨利二世和他的父亲(亨利一世)一样清楚,对英格兰传统权利的贸然触动,都有可能引起一场灾难。① 因此任何权力的主张都不得不循序渐进,小心行事。于是,借助民众的力量冲破地方权贵的阻碍,建立中央权威便成为了一种现实而必要的选择,同时以对特定个案实施管辖为切入点,亦不会引发全面的对抗。因此,当金雀花改革启动之后,针对重罪和土地之诉的巡回审判充当了开路先锋,与此同时,陪审团作为一项配套性制度安排也随即被全面推广。如果说从前的询问制度更多地体现为公众对于王国行政管理事务的被动参与,那么亨利二世创设的控告陪审团(the jury of presentment)和大陪审团(the grand jury)则开始与司法事务结为一体。正因为如此,我们可以将亨利二世的改革视为近代陪审制度的起点。

---

① 指的是威廉一世之后的两次王位继承争端,亨利一世、亨利二世的登基在很大程度上取决于特权阶层内部达成的某种妥协。

(三）陪审团的角色

1166年，亨利二世颁定《克拉伦登敕令（the Assize of Clarendon）》，它是22条法令的总称。该敕令创设了一套检控重罪的程序——每个百户邑12名以及每个乡镇4名最有宣誓资格的人，将被授权对怀疑犯有重罪的人（如抢劫犯、杀人犯、盗窃犯等）向国王的法官或郡长提出控诉，并由巡回法官或者郡长亲自向宣誓控告团体进行询问和调查。由于，这个团体具备了控告人的身份，因此史称"控告陪审团"，但是它最初并不就被控者有罪与否作出判断，通常情况下，被告将被直接施以水刑（water ordeal，一种神明裁判形式）。1179年复活节会议，亨利二世进一步确立了大陪审制度，敕令规定有关自由保有的土地案件将被交由经巡回法官召集的12名邻人组成的宣誓陪审团进行审理，由他们决定哪一方对争议土地享有更充分的权利，以此来取代从前的决斗裁判。大陪审团与控告陪审团的最大不同在于：陪审员（recognitor）已经被明确要求对土地之诉的案件事实和地方习惯进行认定。大概从这个时候起，陪审团中开始滋生出与近代陪审制度相似的"裁判者"的功能。

1215年教皇英诺森三世在第四次拉特兰会议上（Fourth Lateran Council）颁布禁令，废止原先通行于西方世界的神明裁判。这构成了英格兰控告陪审团在刑事案件中实现角色转变的外因。由此，所谓的刑事小陪审团（petty jury）开始出现，并在亨利三世时代成为普遍遵行的程序。与控告陪审团不同，小陪审团不仅要认定事实，而且要对被告有罪与否进行宣告。①

（四）走向传统

王室法院与陪审制度结合的初衷是王权的扩张目的。有王权作为

---

① L. B. Curzon, *English Legal History*, Macdonald & Evens Ltd., 1979, pp. 217—218.

英格兰的早期治理

制约地方权贵的力量依托，使得次级土地保有人有机会以陪审员的身份与王室法院一道抵制领主的滥权行为，寻求正义的救济。反过来，陪审制度不仅赋予了王室法院以公信力的保障，而且在取代旧时野蛮裁判形式的过程中，优先发展出了一套更为理性化的司法程序及证据规则，这使王室法院在与地方法院的司法管辖竞争迅速取得了优势地位，并由此确立了中央司法权威。

陪审团形式多样，在这里也不必一一列举，因为本文更为关注的是：为什么一种出于王室、而非民众的陪审制度，一种由门外汉参与司法审判的制度装置能够在普通法的历史中成为经久不衰的传统？与其说这是一个法律问题，不如说是个现实问题。因为无法臆断非法律职业人士参与的审判与职业法官独任的裁判哪个能够产生出更多的法律理性，而且如果我们忽视英格兰早期的治理状况，那么很可能就无法完整地诠释陪审制度生命力的由来。如前面各章所述，在这里，没有发展而成的国家暴力形式——近代之前没有常规军，警察在17世纪也只是个新兴部门；没有检察机构；也没有行政官僚体系，在所有这些国家机构缺席的情况下，陪审团简直成了多面手，他们必须承担那些在其他地方通常是由公共部门履行的职能——陪审员要了解并负责陈述案件事实，因为他们是控方和证人；陪审员是裁判者，因为判决所适用的习惯法基于他们的法律常识；很可能陪审员还具有保证判决获得遵行的功能，因为最初他们都是地方头面人物。当这种"越俎代庖"的安排在英格兰竟成为如此长久的客观存在时，我们完全有理由相信，离开了陪审制度，整个司法构架便会轰然倒塌。① 1275年，《威斯敏斯特第一法令》（the Statute of Westminster I）甚至强制规定，当被告拒绝接受陪审时，他将据

---

① 相比之下，尽管陪审制度的某些形式或者内容源于欧洲大陆，但是随着大陆国家各种公共机构的出现，类似制度的生命力枯竭也就不足为奇了，因为他们已经发现了一种似乎比繁琐的陪审团制度更为"高效"的审判形式。

此被投入监狱。①

　　毫无疑问,陪审制度具有很高的社会成本,而且其最初的安排具有很多不合理的成分,例如,当陪审团兼具控方、证人,乃至裁判者多种身份于一体时,对于被告显然十分不利;被认定作出错误控诉和错误判决的陪审员会面临惩罚,这使陪审团更多地受到来自法官的影响;陪审员大多为有产阶层,普通民众被排斥在外,这也经常引起后者对于陪审制度的不满。这些弊端为14世纪之后陪审制度的完善留下了很多合理化课题。② 但是另一方面,陪审制度却一劳永逸地完成了许多国家至今都不善解决的"良心治理"问题,它为克制司法专断开出了一剂有效的良药,那些非职业法律者不依赖于权力当局的恩惠而生存;不像职业法官,他们没有因职业升迁而屈从于政治干预、屈从于腐败或滥用程序权力的动机,因此他们可以克服法官的偏见或者性格乖戾对权利所具有的潜在的危害。在英格兰,良心(conscience)从来都不被认为是王室法官或者国王的专利,它必须随时随地与公众分享。③ 陪审制度有助于养成人们对自己行为负责的公正态度,因为诉讼与每个公民的利益都息息相关,不仅审理时所涉及的法律关系都存在于日常生活之中,而且当每个人陪审别人的时候,总会想到也许有一天自己也会轮到被别人陪审。如果人人都感到自己对社会负有责任,那么就会克服不关心他人事情的自私自利的社会积垢。从长远看,司法权的分享不仅没有削弱司法权威,反而使之牢固地矗立于一个更为广泛的社会基础之上。在

---

　　① L. B. Curzon, *English Legal History*, Macdonald & Evens Ltd., 1979, p. 218.

　　② 治安法官的设置、律师执业阶层的形成、证人作为独立诉讼参与者从陪审团中的分离不断使陪审团越来越转变成为单一的裁判体;陪审员选任范围的扩大缓解了社会的矛盾;1670年,Bushell案对自由裁量和责任豁免原则的确立,则进一步强化了陪审团作为独立的司法裁判者的色彩。参见周虹:《英国近代陪审制度的历史成因》,北京大学法学院1999级硕士论文,第31页。

　　③ Norman Doe, *Fundamental Authority in Late Medieval English Law*, Cambridge University Press, 1990. p. 132.

参与审判中,凝聚而成的社会认同也为普通法院源源不断地注入着独立的品质。

作为一项司法设置,陪审制度与一般意义上的公众裁判有本质性的区别,它不仅有固定的场所——王室法院,而且一切的运作都是围绕中央司法权威展开的,王室法官主导着审理的进程。没有多少预设的法律,判决的依据主要是基于人们对习惯的认知,但是当法官综合权衡各种因素通过既定的判决,以一种权威的身份,向社会宣告之后,原先流于形式的习惯从此拥有了规范的特征。尽管以判例为载体的普通法在初期不仅数量有限而且缺乏系统化、逻辑化,但在中央司法权威的支撑下却得以发挥稳定而持久的效力,得到单一的法律实施机构——法院的一体遵循,更加强了法律实现过程的连贯性。

在案件审理的过程中,法官和陪审团任何一方都不是完全被动或者消极的,陪审团能够为案件审理带来更为现实的视角,他们更接近日常生活,更了解普通人的经验,因此在衡量事实可信度方面,很可能比法官的学识更可靠;但另一方面,法官通过监督指导陪审员,使他们的一部分思维习惯进入公众的头脑,熟悉法律的术语,甚至两造的责问。陪审制度应当被看成是一所常设的法律工厂,在这里不仅公众获得了法治的精神和权利的观念,而且法官与陪审员交流的过程也正是一种将法律理性与生活经验、合法与合理相互结合,不断制造法律产品的过程。法律的精神本来产生于学校和法院,但现在却走出了高墙,扩展到整个社会,使全体人民都沾染上了司法的习性和爱好。

二、英格兰的地方自治传统

除了法律领域中独特的司法装置外,英格兰历史上产生的另一个非常有意思的现象是:上位权力的对抗与妥协总会在下位政治层面生长出自治的传统。国王借助民团武装、整饬郡制以及陪审制度对贵族、教会的干涉,成功地破坏了由某个等级通过垄断公共权力,瓜分国家资源,建立等级统治的努力;同样也避免了由此可能激发的等级对峙、社会分裂的普遍危机。英格兰虽然拥有历史悠远的贵族传统,但是英格兰贵族却没有因此成为一个封闭的种姓,"在英国人的语言中并没有一个词语可以将 noblesse(贵族阶级)这一法国旧概念精确表达出来"①;教士阶层就更是一个宽泛的概念,凡是能识文断字的人几乎都可以遁入教门。身份等级堡垒的松动为特权阶层与市民社会的联合创造了更大的灵活性和长期有效维系的空间。与特权阶层内部通过天然姻亲关系建立起来的本能的亲近性相比,与市民阶层的联合却远非自然而然的事情。只是在权力之间势均力敌的斗争中,各方才逐渐认识到要想取得斗争优势就必须努力得到市民社会的支持。"大诺曼家族的统治在国王挥动的铁锤和人民的铁砧之间被砸得粉碎"(the great families of the Conquest are at length pulverized between the hammer of the king and anvil of the people)②;反过来,"英国贵族的杰作又使社会各民主阶级长期相信他们共同的敌人是国王,因而贵族终于变成了各民主阶级的代表,而不再是他们主要的对手。"③正是在这一长期的进程中,公众参与之初的权宜之计最终被锻造成为根深蒂固的自治传统。

(一)郡法院——地方代表的集会

作为一个法律设置,郡法院在 13 世纪之后逐渐没落,但是作为唯一的郡级公共性集会设置,郡法院在地方政治生活中却仍然扮演着十分重要的角色,它为全郡提供了一个不可或缺的政治性沟通平台。前面

---

① 托克维尔:《旧制度与大革命》,冯棠译,商务印书馆 1992 年版,第 279 页。
② F. W. Maitland, *The Constitutional History of England*, Cambridge University Press, 1920, p.162.
③ 托克维尔:《旧制度与大革命》,冯棠译,商务印书馆 1992 年版,第 300 页。

英格兰的早期治理

我们已经介绍了郡法院的议事规程以及多数原则的形成,本节将从人员构成的变化来审视郡法院所具有的自治元素。

1. 郡法院的最初构成

一般认为,在诺曼征服后,郡法院的最初构成是王国的第一土地保有人——诺曼新贵以及归顺的原英格兰贵族。但是梅特兰却指出,这种观点也许过于简单化了。① 在任何情况下,我们都不应忘记诺曼人对英格兰的权利主张部分是依靠武力来实现的,即便威廉一世恭谦地承诺尊重英格兰的法律与习惯,但在实利的追逐与争夺中,身为异族的诺曼人和英格兰本土盎格鲁撒克逊人之间纵然没有被激化的民族矛盾,也至少存在着彼此互不信任的普遍状态(murder fine 就是最好的例证)。因此,郡法院成员的身份资格要求,除了特定的社会地位,种族特征也是个不得不考虑的因素。如果在某些郡法院中一开始便出现了系诺曼人的次级土地保有人的身影,那么并没有什么可大惊小怪的。

2. 出席郡法院的资格:从专属的身份到一种不情愿的负担?

当诺曼新贵逐步融入英格兰社会,通过建立自己的封建法庭实行封建管辖之后,出席郡法院对于他们来说也就不那么具有吸引力了,而且由于他们都必须自行负担出席郡法院的全部开支,因此,出席郡法院越来越变成了一种令人恼火的(irksome)差使,他们甚至致力于从国王那里购买免除出席义务的特许。② 但是另一方面,随着地方代理人制度的推行,国王却坚持要求把出席郡法院作为一种必须向国王负担的固定职责确定下来。为此,我们经常可以看到,国王不时地主张出席社区法院是一个人因保有土地而应当承担的全部或部分的劳役,就如同领主要求土地保有人必须出席封建法庭、交纳地租和免除兵役税的口径完

---

① Sir Frederic Pollock and Frederic William Maitland, *The History of English Law before the Time of Edward I*, Cambridge University Press, 1968, p. 537.

② 12 世纪,这样的特许一般授予教会机构,有时也授予俗人。

全一样。① 同时,旨在反对消减这一义务的法令也不止一次地被国王颁布。

开庭次数的增加使矛盾更为凸现。亨利一世明显加大了对地方的干预力度。虽然他的法令规定郡法院仍沿袭忏悔者爱德华时代的做法——每年召开两次,但与此同时,法令又规定了一个例外性条款,即如果为了王室事务,需要增加会期时,郡法院将受到召集。与这一时期郡法院审理案件数量的不断增加相对照,开庭期的旧制已经不大可能再被严格执行了。因为根据中世纪的法律程序,在判决之前,案件应当经过郡法院若干次庭审。② 而且当事人必须亲自到庭。由于交通条件所限,被告人在被认定藐视法庭前,常常会被传唤三次,并允许被告三次因故缺席。③ 这样,如果郡法院因袭每年二次的会期,那么一个案件的审理至少要被拖延数年以上。

随着案件审理的压力迫使郡法院开庭次数不断增加,出席郡法院更为明显地成为一种负担,特别是当国王委派的郡长取代伯爵成为郡法院的主持人后,当郡法院无法再为那些从前地位仅次于国王的封建领主提供直接的统治利益时④,地方的大人物们就更不情愿经常出席了,而且如果他在几个郡分别拥有土地的话,他也没有办法全部出席。在这种情况下,郡法院的会议形式首先发生了变化。第一土地保有人仍然会每年两次出现在郡法院的全体集会上,但是实际的案件审理工作,则逐渐被纳入两次固定会期之间的所谓"案件初步审理程序"(interloc-

---

① Sir Frederic Pollock and Frederic William Maitland, *The History of English Law before the Time of Edward I*, Cambridge University Press, 1968, p.541.
② 13世纪的法律规定,在至少相继接受郡法院5次庭审之前,任何人都不应被判定违法。
③ Sir Frederic Pollock and Frederic William Maitland, *The History of English Law before the Time of Edward I*, Cambridge University Press, 1968, p.539, note.
④ "此时他们顶多被授权分享一份郡法院的收益"。参见 S. F. C. 密尔松:《普通法的历史基础》,李显冬等译,中国大百科全书出版社1999年版,第5页。

utory process)进行审理,它们也被当成郡法院正式的开庭,但审判人团体却由相对少的人员组成。① 与之相应,出席郡法院的人员可以被大致分成两类,一部分人只出席每年的全体集会,另一部分则几乎每月都要参加郡法院的庭审。

此时,用单一标准来界定郡法院出席人员的身份资格已经完全不可能了。贵族、大主教这些第一土地保有人中的特殊群体,不可能如此频繁地出席郡法院;同样,也不可能有什么规定禁止他们过问一些他们感兴趣的案件,作为特权阶层,他们的行为几乎不会受到什么限制。但是,我们也有理由相信,由于郡法院职责的增加,越来越多的出席郡法院的责任落在了次级土地保有人的身上,地方领主可能会作出永久性的规定②,通过将土地授予保有人的办法,让其代为履行自己出席郡法院的责任,或者每次派一名代表出席,例如管家。在后来的发展中,领主的管家作为乡下的实业家越来越起到领导性的作用,一位作家曾将他们比作系铃铛的头羊。③ 当自由土地保有人阶层被王室法院创造出来之后,国王在为他们提供保护的同时,也开始不断地要求他们承担起更多的公共责任。在国王看来,出席郡法院便是所有自由土地保有人

---

① "There intervened less solemn meetings attended only by a small group of suitors before whom the formal and preliminary steps in litigation, the interlocutory process, could be taken." Sir Frederic Pollock and Frederic William Maitland, *The History of English Law before the Time of Edward I*, Cambridge University Press, 1968, p. 540.

② 梅特兰认为,同封建兵役分派方式一样,国王只能对第一土地保有人的土地规定出席郡法院的义务。例如,A保有的土地被规定了一份郡法院的出庭义务,如果他将这块土地的部分分封给B、C、D,那么国王会要求,ABCD均需对该义务的履行承担责任。但是对于究竟由谁来实际履行出庭义务,则应取决于A在分封土地时所作的安排。由此,郡法院构成变化的初始原因可以被归结为,在国王所施加的外部压力之下,由地方权贵对公共责任分担而作出的一种调整。对于13世纪之前郡法院的情况,所知甚少。《亨利敕令集》曾给出过一个出席者的名单,遗憾的是他们是用古法兰克语写成的,因而无法传递出准确的意思表示。但是有证据表明,在亨利一世时代,已经有一些地方的小人物(small man or minuti homines)被要求出席郡法院了。参见 Sir Frederic Pollock and Frederic William Maitland, *The History of English Law before the Time of Edward I*, Cambridge University Press, 1968, pp. 541—545。

③ S. F. C. 密尔松:《普通法的历史基础》,李显冬等译,中国大百科全书出版社1999年版,第6页。

都应当承担的义务之一。在王室诉讼案件中,我们可以清楚地看到有关这一主张的最为简明的表述——国王经常责难到:"你是这个郡的自由土地保有人,但你却没有承担出席郡法院的义务。"①然而在现实中,这样原则性的陈述并没有为御用辩护士、国王的法律顾问们提供解决实际问题的全部答案。② 正如土地占有制度一样,出席郡法院的责任也不曾为任何单一原则所支配,一切事物都处于潜移默化地发展之中,不同的郡法院都有着它们各自不同的默示规则。③

事实上,如果为所有的自由土地保有人都附加出席郡法院的义务,那么一定会令其不堪重负。因为理论上他们可能需要出席各式各样的法庭——大概每3个星期1次的百户邑法庭和封建庄园法庭;如果再算上每月1次的郡法院,这就意味着在一个月的时间内,他们不得不穿梭于全郡3个不同地点,那么开庭和路途所消耗的时间、费用,会让每个自由土地保有人入不敷出。显而易见,对于任何人而言,出席郡法院最初都不是一种诱人的权利,多数情况下,它更像是一种不情愿的负担。拥有土地的自由民常常被迫出席,否则就会面临缺席罚款。但是当一个自由民失去土地后,自然而然地会被排除

---

① "You are a freeholder of the county and you are not doing suit." Sir Frederic Pollock and Frederic William Maitland, *The History of English Law before the Time of Edward I*, Cambridge University Press, 1968, p. 542.

② 在现实中,并不是所有的土地保有人都会出席郡法院的日常集会。例如,格罗塞斯特伯爵在 Bottisham 镇有 40 名自由土地保有人,其中只有 2 人专门代表伯爵和整个乡镇出席百户邑法庭和郡法院。由此可见,出席社区法庭的义务常常是与特定的地产联系在一起的,既存的一些百户邑法庭档案(the Hundred Roll)中所记载的陪审团成员的观点可以提供相应的佐证。参见同上书,p. 541。

③ 出席义务可能取决于诸多因素包括:(1) 身份、等级头衔;(2) 土地保有权的类型,如兵役土地保有人、自由土地保有人都可能被要求出庭;(3) 民间的安排——封建庄园和乡镇被分派的出席义务,有时是按照所在地那些能够对土地主张权利的人自行决定的方式来履行的;(4) 既成的事实,即不管基于何种原因,如果这一责任曾经被祖辈实际履行过,那么这也可能构成要求相对人承担这一责任的正当理由。参见 Sir Frederic Pollock and Frederic William Maitland, *The History of English Law before the Time of Edward I*, Cambridge University Press, 1968, p. 547。

在外;如果郡法院通过免除资格程序,剥夺某人这一政治权利资格时,当事人有时甚至会将此视为一种解脱。① 这样的观念不足为奇,相比之"权利"而言,"罪、责"才是古代法中更为原始的法律概念,而逃避公共责任是每个人自私的德行,在这一点上,对自治传统引以为豪的英格兰人并不具有天生的优势。然而更值得我们关注的却是:在王权的持续不断地干涉下,郡法院作为平衡地方封建领主势力的政治设施,不仅逐渐生成了一种反身份特权的奇特效果;而且在各方权势的斗争中,地方性的代表原则以及与之相连的一种公共权力开始凝聚而成。

3. 地方代表制度的产生:从责任到权利

出席郡法院的资格一开始是与拥有土地这一法律事实联系在一起的。从英格兰后来的法律发展史中,我们可以看到这一财产资格限制逐步让位于比较宽泛的身份资格,即凡具有人身自由的人均有权出席地方政治议事机构。庞杂的人员构成赋予了郡法院以全郡代表机构的特征,在语言的表述上,郡、郡辖区和郡法院别无二致,它们都是"comitatus"。② 当然这一过程是伴随着巡回审判制度地不断推广而逐步显现出来的。

在亨利二世创设巡回审判制度之后,巡回法庭便成为了郡法院最大规模的集会。在巡审期间,即使那些获得特许得以免除出席郡法院义务的人,也必须无一例外地出席郡法院接受巡回法庭的审查。随着巡审牵涉的地方事务越来越多,要求出席郡法院的主体也相应地呈现出多元化的趋势。不仅全体自由土地保有人被要求出席郡法院,甚至从

---

① F. W. Maitland, *The Constitutional History of England*, Cambridge University Press, 1920, p. 40.

② Ibid., p. 44.

13世纪起,每个乡镇都经常地被当作承担一份出席义务的土地单位。①于是,每当巡回法庭驾临,郡长(sheriff)都将召集全郡所有的自由保有人、乡镇和自治城市的代表——每个自治城市12名城镇公民和每个乡镇4名自由民(lawful men)随同地方治安官一同列席。② 在巡回法院的档案中,代表观念的盛行令人惊讶。每一个乡镇、百户邑,乃至整个郡都将由其代表在巡回法庭上表达各自意图,并且可能基于对治安职责的过失或虚假陈述而遭致罚款。巡回法庭适用的陪审制度最早也意味着代表的观念,即当一个人在接受乡邻的审判时,就是在接受王国的审判,陪审员的声音代表了公众的意志。

一方面,可以把出席郡法院当作一种强制性义务来加以认识,因为我们不时地看到对这一责任的推诿和抱怨③;但是另一方面,正是在郡法院的政治生活中,当那些王国的第一土地保有人(封建领主)必须与他们自己分封的下级土地保有人基于几乎平等的法律地位坐在一起商议表决同一议题时,作为下级的土地保有人竟也逐渐习惯于将自己视为其领主所处自由阶层中的一员,以致在后来国王与贵族阶层的斗争中,责任负担的积累最终质变成为一种国家的代议

---

① "It's quite in conformity with this that in thirteenth century the suit-owning unit of land should frequently be a vill." Sir Frederic Pollock and Frederic William Maitland, *The History of English Law before the Time of Edward I*, Cambridge University Press, 1968, p.547.

② F. W. Maitland, *The Constitutional History of England*, Cambridge University Press, 1920, p.70.

③ 人们不时地强调出席郡法院的义务是与特定地产相联系的,而且该责任不应因析产而导致份额增加,例如,Surrey伯爵就曾因没有遵守这一原则而遭到陪审员的控诉,陪审员认为,当一块地产被分给若干继承人时,出席法庭的义务不应相应增加,而应当落在长女所分得的土地之上。即便是在1258年,贵族战争爆发前夕,同样的限制性原则再次被提及。不仅如此,人们甚至开始讨论,如果财产的变动不应当导致负担增加,那么是否会发生减少的效果,即当一个人通过继承或者其他方式获得了应承担二份以上出席社区法院义务的土地时,他是否只需对一个郡法院承担一份出庭责任即可。后来的发展似乎支持了这一主张,由此附带产生的效果时,英格兰似乎已经开始关注将出庭责任作为一种公共身份而有别于纯粹的财产资格。参见 Sir Frederic Pollock and Frederic William Maitland, *The History of English Law before the Time of Edward I*, Cambridge University Press, 1968, pp.542—543.

权力。

1213年,在王国出现异常危机的时候,主教和贵族曾从各郡召集4名代表集会共同讨论时局。但是反抗约翰王的斗争胜利后,由1215年《大宪章》所设计的国民会议仍然只是一个封建式的集会,它是一个由王国第一土地保有人组成的法庭(court)。到了亨利三世时代,为了寻求更多的资金来源,国王开始指示郡长派驻郡骑士参与国民大会。在亨利三世统治末期发生的贵族战争期间,代议制度的结构性变革则最终走向了一种不可逆转的制度化安排。1261年,由贵族组成的临时政府首脑召集每郡3名骑士参加在S. Albans举行的集会,而亨利三世则命令这些骑士前往温莎(Windsor)。1264年,刘易斯战役(Lewes Battle)的胜利使西蒙·孟德福德几乎控制了国王。次年,他组织了著名的议会,"Parliament"一词开始被正式使用。在本届议会中,主教、教士、贵族只是作为党派之友而被召集,其中包括5名伯爵、18名贵族;但是每个郡长都接到令状,要求选派2名骑士与会;同样的命令被传达到乡镇和自治城市,他们的代表第一次成为国会的一员。虽然孟德福德最终被王军击败后,但是他所提出的"英格兰属于英吉利人"这一意义深远的口号却被爱德华一世所承续,在此后召开的议会中,各郡代表正式进入到国家政治的最高殿堂,并得以与特权阶层平起平坐、一同讨论国家大事。

出席国会的代表不仅由郡法院产生,而且受到其所有成员的资助。因此,当国会制度确立后,亦即意味着郡法院的出席人能够通过他们在国会的代表参与最高政治决策了。从14世纪起,已经有迹象表明强迫出席郡法院的种种措施被逐步放弃。在地方的许多法庭中,为不履行出席义务向有关法庭提交的声明已经司空见惯。然而只有在郡法院中,虽然失去了强制性措施,但是人们却很少找借口拒绝履行出席的职责。① 因为国会的选举制度间接地赋予郡法院出席者以政治代议的权力形式,有了这样的回报,似乎也就无需担心有人会轻视甚至是放弃出席郡法院这一重要的政治身份了。

作为一个地方政治性集会,全郡的财政、军事、行政事务经常成为郡法院讨论的话题,因为他们必须回应国王的各种要求,并为此提供财政支持,即一笔捐税。在国会制度于13世纪后半期建立起来之后,负责选派特定数目的骑士代表全郡出席国会成为郡法院最为重要的职能。尽管如此,郡法院并不能被当成一个地方政府,虽然它可以对外宣告自己的习惯性规则,如南安普敦郡在得到总巡法官的许可后,经全体自由民一致同意,可以规定一个专门针对鲑鱼的禁捕期;郡法院也会就公共设施的维护、修建进行投票,并向社区成员征收一部分捐助,但是很少见到它制定或者颁布法令。② 更多具体的职能都是由乡镇、城市通过最基层的社会协作关系的整合来自我完善的。

(二) 乡镇的自由

同其他欧洲国家一样,在英格兰封建化的进程中,领地也是王国最主要的行政单位。国王通过将王国划分成大大小小的封地,分封给相应的贵族、教士,依靠他们宣誓效忠,对国家实施统治。领主们则根据自己的意志将受封的土地进一步分割为封建庄园(manor),对其实施管理。但是随着封建管辖原则被持续不断的蚕食和破坏,以及自由民阶层的产生,封建庄园的性质和面貌也发生了实质性的变化。虽然在13世纪初期,自由民(free holder)数量还十分有限,大部分人仍旧是具有人

---

① Sir Frederic Pollock and Frederic William Maitland, *The History of English Law before the Time of Edward I*, Cambridge University Press, 1968, p.544.
② Ibid., p.555.

身依附关系的佃农(tenants in villeinage),但封建体系已经显现出瓦解的征兆。在法律性质上,领地的构成出现了微妙的分化——处于第一位的是由领主个人控制的直属领地(demesne land);此外,由下位土地自由保有人共同把持的封建庄园逐渐兴起,它们更像是服役领地(service land)。这些土地保有人对领主负担一定的劳役,或者向其支付地租,但却越来越少地受到领主的管辖。直到爱德华一世时代,封建庄园的设置仍旧遍布王国上下①,但是大部分已经不再是单一的封建化法律形态了。对于同一地域而言,从一个角度看去,即在民事土地流转中,它是一个封建庄园,是一个属于私法范畴的财产概念;但在公共行政管理方面,它又是一个乡镇建制(township/vill)②。封建庄园与乡镇密切相关,认为乡镇是在封建庄园之外另行发展而成的观念是对英格兰乡镇历史的误解。多元属性彼此重叠复合是英格兰早期社区的基本特色,任何一块土地都不应被划归在单一主体名下。

13世纪之前,乡镇的概念在王国行政管理体系中似乎还不具备什么实质性意义。处于社会结构的最基层,封建庄园/乡镇承担着各式各样的苛捐杂税,一部分来自于领主,另一部分则出自郡长、验尸官等王室官员,他们甚至以拒绝履行其应付的职责来胁迫乡镇,以敲诈一定数额的钱款。③ 但是随着相邻控告陪审制度的推行,乡镇的态度经常被作为判决被告无罪或者有罪的依据,这使得它们越来越多地与公共治安职责联系到了一起。从13世纪起,乡镇开始被要求承担制止凶杀的职

---

① 因为直到1290年,理论上讲,领主仍可以按自己的意图新设封建庄园,但是他们却不得通过设立乡镇而改变王国的治安体系。参见 F. W. Maitland, *The Constitutional History of England*, Cambridge University Press, 1920, p. 51。

② 在很长时间内,封建庄园和乡镇都并行于同一地域(They exit side by side),任何一个都未能完全取代另一个。郡可能横跨若干个封建领地,同样乡镇与封建庄园的地理边界也不吻合。参见同上书,pp. 50—51。

③ Sir Frederic Pollock and Frederic William Maitland, *The History of English Law before the Time of Edward I*, Cambridge University Press, 1968, p. 566。

责。这一责任经常被巡回法官所提及,法官们认为如果乡镇不能及时逮捕凶犯,那么它将被处以罚金。① 这种共同的责任在很大程度上迫使社区中每个成员都必须相互联合、协调一致,共同尊奉着"一人为全体,全体为一人"(one for all, all for one)的古老训条。当类似的管理职能被不断地下移到乡镇时,乡镇逐渐从概念上有别于封建庄园,后者更多的情况下被当作一个经济单位。1233年的条令为乡镇规定了巡夜制度,即每个乡镇都必须派设至少4人整晚巡视,以保护社区安全。1252年,作为推行"全民防御"的附带效果,法令规定每个乡镇必须任命1至2名治安官(constable,在战时他们成为作战分队的军官);乡镇治安官由其他乡镇成员选举产生,他们偕同乡绅豪士(the best men)共同管理乡镇的日常事务。1253年的法令进一步规定,乡镇应自行担负追缉违法者所需配备的武装开支。1285年,《温彻斯特法令》最终将乡镇治安防卫职能(watch and ward)以王国法律的形式固定下来②,从而明确了乡镇基层实体(entity)的地位。通常情况下,乡镇应当负责:(1)追踪失窃财物(家畜等)。(2)张贴公告、通缉罪犯。(3)制止谋杀、实施逮捕——如果一个人在白天被谋杀,那么凶案现场所处的乡镇必须负责缉捕凶犯。在任何情况下,凶杀案的调查都应由乡镇负责,验尸官进行监督,乡镇应在他的传唤下接受询问。(4)收押和看守罪犯——乡镇应根据法庭的控状,提交或收押罪犯;当罪犯进入教堂进行忏悔时,教堂周边的乡镇必须负责把守教堂,防止逃跑。虽然乡镇需要接受巡回法官和郡长的巡查,并对其失职的行为承担罚金,但是具体管理职能却主要是由乡镇自行完成的,它们构成了英格兰早期社会秩序的基石。

---

① 该罚金不同于百户邑所承担的著名的制止谋杀失职罚金(murder fine),没有一部可知的法令曾规定乡镇有这样的义务,因此它是建立在古老的习惯(based on the immemorial custom)基础上的。参见 Sir Frederic Pollock and Frederic William Maitland, *The History of English Law before the Time of Edward I*, Cambridge University Press, 1968, p.564。

② Ibid., p.565.

英格兰的早期治理

　　国王治理的主张和措施对于地方封建管辖体系的破坏,无疑是社会基层生活面貌发生变化的主要根源。但是亦不应夸大国王的权威效用,因为乡镇生活远非国王直接安排的结果。为了建立治安体系,国王曾在乡镇全面推行联保制度,但是很难说获得了多大的成效。一个不争的现实是:英格兰人对联保制似乎并没有明确的概念——不仅在不同地方,联保制所指各异,甚至还有许多地方根本就没有实行过联保制度。① 在这方面,地方显贵们对王权的抗衡同样阻却了国王在地方建立全面管束的努力,于是由人们自主地安排生活逐渐成为一种可能。无需担心这种个人主义会导致无序的产生,因为在日常交往中,每个人都会很快发现相互协作与联合能够给彼此带来更大的利益,因此只要由宽松的环境和充裕的时间保障,乡镇迟早会联合为一个整体,虽然乡镇的力量有限,但是如果乡镇精神能够成为民情的一

---

① 英格兰的联保制度(frankpledge/tithing):按照布莱克顿(Bracton)的说法,每个年满12周岁的男性英格兰臣民,不论是自由民还是农奴(free or serf)都应当被编入联保体系。但是有许多例外,各方显要、骑士以及他们各自的男性亲属侍从、拥有一定财产——相当于十户人家所占土地——的自治市民,均无须被纳入这个系统。每个乡镇有责任确保联保制的实行。当一个人被控犯罪,且未如期而至,那么与他编在一起的联保户将因此被罚款,但如果他没有被编入联保制,那么整个乡镇都将因失职而被罚款。相对于整个王国而言,很难说联保制得到了普遍而严格的推行,因为在英格兰根本就不存在着一个完善的、遍布全国的行政管理体系。虽然大量的巡回法庭档案足以证明联保制被巡回法官要求严格实施。但是,一个不争的现实是:人们对联保制似乎没有明确的概念,在不同地方,联保制所指各异。的确,在英格兰,处于社会最底层的每个人都隶属于一个特定的群体。这个群体被视为一个联保单位,它可能由10、12或者更多人组成,其中之一为主保人(chief-pledge)。在最南部的地方以及位于西部的若干郡中,一个乡镇就是一个联保单位,一些情况下,"联保制"(frankpledge)一词指代的仅仅是地理上"区"(district)的概念,几个这样的区组成一个乡镇。在这些地方,联保制的主体只有一个即乡镇,其主保人则常常是这个乡镇的治安官(reeve)。除了对联保制认知上的地方差异外,在许多地方甚至就没有实行联保制。13世纪中期,Shropshire的居民声明,那里没有人被编入联保制中。13世纪末,Westmoreland的陪审团也宣布道:在 North of the Trend 不适用且从未适用过关于制止谋杀失职罚金、什一税以及联保制的英格兰法律,因为无论如何,在该郡内都未实施过这样的法律。联保制推行的初衷主要体现了国王要求建立全国性治安管理体系的努力。后来,经常与之相关的一项附带义务则是臭名昭著的"什一税"的征收。在英格兰,虽然主保人被召集时,也常常会交上一笔钱款,但考虑到联保制的适用范围以及实行状况,什一税对王国财税制度而言意义甚微。有关内容参见 Sir Frederic Pollock and Frederic William Maitland, *The History of English Law before the Time of Edward I*, Cambridge University Press, 1968, pp. 568—573。

部分，能够成为习惯和传统，那么乡镇自由就能够为社会稳定提供最坚实的基础。

今天，人们已经越来越相信，以"自我管理、自我认同"为原型的乡镇自由精神早在13世纪便已经深深地扎根在英格兰的土壤之中了。阿萨·勃里格斯在《英国社会史》中一段描述可以作为早期乡镇生活的写照：在英格兰的任何一个村庄，保养道路和桥梁之类的公众事业被认为是每个人应尽的责任，而法律制度的实施更离不开村民参与陪审。在13世纪亨利三世与其子爱德华一世在位期间，要求村庄派出巡夜人保护生命和财产安全，以后又要求每一村庄提供1名兵役，由村庄支付佣金。村民可以根据当地习俗就使用公用土地问题达成协议，无须承担来自官方的压力。因此有人据此提出，在英格兰的一些地区，村庄日常生活充满活力的因素常常是村民群体，而不是领主。这样一幅关于13世纪乡村生活的图景近年来已被英格兰社会人类学家艾伦·麦克法兰重新描绘出来。他认为："英格兰平民的大多数至少从13世纪起就已成为不受约束的个体，他们在地理上和人际交往中都有着高度流动性，随市场导向追逐实利，在社会生活中以自我为中心。"①

乡镇自由与近代人民主权原则密切相关。如果建立君主政体或者创造共和政体的是人，那么乡镇却是直接出于上帝之手②，它是自然界中只要有人集聚就能自行组织起来的唯一联合体。有限的领土面积和人口规模是其居民形成并实现共同利益的有效保证。我们都知道人民主权原则的基本内涵是：每一个人都享有同等的权力，都应平等地参与公共事务的管理。但是对于国家或者郡这样的政治单元，公民根本无法直接参与，至多只能通过他们代表实行代议制度。相比之下，在乡镇

---

① 阿萨·勃里格斯：《英国社会史》，陈叔平等译，中国人民大学出版社1989年版，第81页。
② 托克维尔：《论美国的民主》，董果良译，商务印书馆1988年版，第66页。

一级,不仅所有的公共事务都时时刻刻地与那里的人民休戚相关,而且所有关切居民自身利益的活动都是在被治者的眼皮底下进行的,因此人们能够热情参与且无需代议。乡镇自身过于渺小,无法为权力野心提供太多的诱惑。那里鲜有权贵出没,没有森严的等级划分①,也就不易出现一部分人压迫另一部分人的现象,因此更能有效地为人民提供平等主政的机会。托克维尔甚至将由英格兰移民带到美洲大陆的乡镇自由精神视为美国民主的基石之一,他在评价乡镇对美国社会的作用时写道:"乡镇是自由人民的力量所在。乡镇组织之于自由,犹如小学之于授课。在没有乡镇组织的条件下,一个国家虽然可以建立一个自由的政府,但它没有自由的精神。片刻的激情、暂时的利益或偶然的机会可以创造出独立的外表,但潜伏于社会机体内部的专制也迟早会重新冒出表面。"②

(三) 城市自治

在我们今天的话语结构中,城市常常处于乡镇的对立面,它代表了先进的文明,拥有着更加复杂细致的社会分工和以生产交换为纽带的

---

① 在乡镇之后的发展中,出现了越来越明显的身份趋平的进程。表面上看,王权的干预仍然是导致这一趋势的主动因素。介入地方的手段主要是赋予土地承租人(tenant)以一种由国王肯认的身份资格,即通过在王室法院进行土地占有状况登记而获得的依官册而享有土地的保有人资格(copyholder)。逐渐官方的登记备案成为土地权属的最重要的证据。尽管土地承租关系的变更仍然必须得到领主的同意,但是由于登记公示制度的出现,一旦领主作出承诺,便不可能随意地解除中止承租关系;对于承租人而言,只要遵守规定的土地义务,便无须担心领主利用土地进行要挟。其原先的土地依附关系不断地弱化;一切的经济安排变得更加具有可预见性,不定期的劳役也已被支付固定地租所取代;土地契约而不是强权和屈从,成为联结领主及其佃户的法律纽带。当然契约所带来的身份平等化是缓慢发展起来的,直到15世纪中期,王室法院的管辖范围才延展到这些依官册享有土地的保有人,法院开始受理他们直接针对其领主的诉讼。在发现墨西哥后,货币迅速贬值,原先固定下来租金变得微不足道。除了政治权利的差别外,这些佃农几乎与土地自由保有人完全一样。1832 年后,他们也获得了选举郡骑士的权利。参见 F. W. Maitland, *The Constitutional History of England*, Cambridge University Press, 1920, p. 50。

② 托克维尔:《论美国的民主》,董果良译,商务印书馆 1988 年版,第 67 页。

更为紧密的社会协作关系,对规则可预期性的强烈需求更是催生出了近代的商法和契约法。生产发展促进城市的兴起,古今中外概莫能外,但是城市自治却是西方独有的社会现象。

对于英格兰城市的历史,一般的观点认为,在诺曼征服之前,英格兰的城市居民已经形成了不同于乡镇的权利和地位。这里不仅是商贾聚集的地方,而且在11世纪的时候,许多大城市事实上已是相对独立的"百户邑",它们拥有自己的社团组织,如伊普斯维奇由威灵顿协会(Wellington club)控制,剑桥则由一个叫拉特兰协会(Rutland club)的社团统治。① 后来使用的自治城市(Borough)一词也是由古英语"burh"和拉丁语"burgus"演化而来的。② 诺曼征服对英格兰城市的发展产生了双向效果,一方面,诺曼征服带来了王国的统一,促进了英吉利海峡两岸的贸易,进而大大地推动了新兴城市的出现;但另一方面,征服者在封建化分封过程中,拒绝承认自主地的存在,这就意味着所有城市都会属于某个领主,由于大部分城市被划归在王田之上,因此一般意义上的自治城市指的是那些通过从国王处购买特许状而获得自治权的城市法律共同体。特许状没有一定的规格和标准,自治权的购买完全是一种经济考虑,自治权的大小范围取决于城市为得到特许状而支付的价款。现存的城市档案最早可追溯到12世纪末,其中大约50件特许状发生在亨利二世统治时期。③ 自治城市在王国行政管理系统中的位置介乎于郡与乡镇之间。最初的城市居民只是试图建立一个完全由自己管理的百户邑,并以此摆脱地方封建控制。

在英格兰,王权与城市自治之间具有更为直接的形式关联。赐予新

---

① Lipson, *The Economic History of England*, London, A. &C. Black Ltd., 1945, pp.187—194.
② 城市(City)一词最先被用于那些同时又是主教教区(bishop's sees)的自治城市,那里的居民也被冠以市民(citizen)的称谓。当然这决不意味着它们具有较之其他自治城市更高的组织化程度和独立地位。参见 Sir Frederic Pollock and Frederic William Maitland, *The History of English Law before the Time of Edward I*, Cambridge University Press, 1968, pp.636—637。
③ 阿萨·勃里格斯:《英国社会史》,陈叔平等译,中国人民大学出版社1989年版,第90页。

兴城市的特许状中包含着许多国王的主观意愿。他给予城市市民以人身自由,取消作为农奴标志的结婚税、继承税等;允许城市设立自己的法庭;赋予他们组建市场和免付通行税的权利;将城市设定为一个包税区,每年向国王直接上缴固定的税额;少数几个大城市甚至获准选举行政长官——早在亨利一世时代伦敦便已经取得了选举其所在的米德尔塞斯克郡(Middlesex)郡长的特权;1200年,伊普斯维奇市议会选举出2名监察官、4名验尸官、12名港口税务官来管理城市事务,监察官后来被"市长"取代。国王的特许对于英格兰城市的发展具有十分重要的意义,城市可以据此免受其他地方法院的管辖——自治城市一般均不受百户邑法院管辖;一些自治城市则可以免除郡法院的管辖;通行税的免除减少了各地领主在通商过程中对商人的敲诈勒索;包税制的推行则进一步抵制了地方郡长的盘剥,因为作为一个包税区,他们已经一次性地向国王付清了所有应缴的税款。

尽管如此,不应对国王的支持和保护给以过高的期待,因为种种安排都与国王现实的经济利益如此紧密地纠缠一体。在11—13世纪的大部分时间里,特许状的买卖都是国王的一项重要的财政来源,每一份特许状都会给国王带来一笔丰厚的价金,特别是理查、约翰在位期间,内征外战导致军费开支激增,这个时期特许状就像是一种快速敛财的商品而被国王大量发售。国王显然更看重城市日益增长的财富,而不是自己向城市承诺的权利。他们不仅曾在包税定额之外开征任意税,而且时常会找些借口对城市处以罚款,甚至干脆将特许状收回,再让城市重新回购。在一切可能的情况下,国王总会想尽办法将城市这个重要的钱包紧紧地攥在手中,因此不可能纵容城市的自治运动。伦敦在1141年组织公社实行自治,但很快就失败了,斯蒂芬和马蒂尔达将伦敦的包税权和郡长职位收回,重新交给支持王室的曼德维尔家族;亨利二世进一步加强了对城市的控制,1170年和1176年格洛斯特和约克的市民因为建立公社的努力而遭到亨利二世的处罚。①

与乡镇不同,英格兰城市很早便体现出了积极而强烈的自主意识,其自治局面的形成与自身持续不懈地争取自治权的斗争更是分不开的。城市利用自己的财富周而复始地与国王讨价还价、购买、回购他们的权利,而有限的王权也为他们提供了这样机会和可能,贵族和教会的抵制使得国王无法建立征税体系和完备行政管理体系,因此,每当国王需要财政支持的时候,地方的权利便被当作商品买卖;而缺少管制手段,也使国王不得不迁就城市自我管理的现实,允许他们维持地方秩序,协助中央管理地方公共事务。长期酝酿发展的城市认同和自治要求,在各种权力发生激烈冲突的时候,将得到更为充分地展现。1190年,伦敦市民趁理查不在国内以及威廉·朗香与其对手达勒姆主教约翰、沃尔特之间的矛盾,重新取得了他们 51 年前一度取得的政治特权——为了赢得伦敦的支持,朗香授予伦敦选举郡长和包税的权利。当朗香和约翰的裂痕进一步扩大时,伦敦于 1191 年成立了一个公社,强迫约翰和沃尔特认可其为一个自治的市政府,并且就此建立了自己的选举章程。1194 年,理查回国后,认可了伦敦的自由,从中换取了 1500 马克的急需款,用于欧陆战事。在反对约翰王滥权的斗争中,城市与贵族结成了联盟,1215 年的《大宪章》便是他们共同斗争的成果。虽然从总体上讲,《大宪章》主要体现了特权阶层的利益诉求,但是即便在这个文本中,伦敦已经被作为一个不可忽视的独立主体开始主张自身的权利了。② 上帝更眷顾那些勇于自助的人们,当城市为自由付出了足够多的代价之后,终于可以从 13 世纪起收获成功的果实了,而自 1265 年国会制度滥觞之日起,王国最高政治殿堂中就再也没有缺少过城市自己

---

① Reynold, *An Introduction to the History of English Medieval Towns*, Oxford University Press, 1977, p.106.
② 《大宪章》中有专门确认伦敦自由的条款。

的代表。

总的来看，自治权的失而复得在整个 13 世纪中都是十分平常的事情，城市自治仍然算是一个跌宕起伏的新生事物，但是到了世纪末，爱德华一世时代，以伦敦、伊普斯维奇为代表的少数几个大城市已经在实质上具备了几乎全部专属于后来被称之为法人团体(corporation)的特征，即永继的权利、独立的人格、土地保有、专署封印以及法律创制的权力(the right of perpetual succession, the power to sue and be sued as a whole and by the corporate name, the power to hold lands, the right to use a common seal, and the power of making by-laws)。[1] 面对日益强大、团结一体的城市，国王在决定没收这些城市自治权之前也不得不审慎处置。在更多的时间里，国王对城市实施的是安抚与拉拢策略，甚至以郡相待，颁发正式的自治证书。从 14 世纪后半期起，没收自治权的处罚措施更是被逐渐放弃了。

尽管在英格兰，法人团体的法律概念是 15 世纪之后才贡献出来的，但是在现实的生活中，各郡、乡镇、自治城市从 13 世纪起便已经开始学会作为一个整体参与国家的政治生活。人们通过日趋平等和密切的交往，通过对公共事务管理的直接参与，拥有了共同的生活，共同的权利和共同的责任。在长期权力斗争中培养起来的公共精神，也让人们懂得了关注公共事务与保障自由之间的重要关联。当自治精神如此普遍地扎根在英格兰的土壤之中时，便没有可能再让它们退回到过去从属国王或其他权贵的附庸地位了。当然，地方自治的实质仅在于大部分地方公共事务的管理和公共生活的安排是由地方自主决定的，而不是自上而下压制或者灌输而成的。它与近代民主制度不可同日而语。在这里，地方显要、乡镇的自由土地保有人、城市的商人团体占据着主导

---

[1] F. W. Maitland, *The Constitutional History of England*, Cambridge University Press, 1920, p.54.

地位，也不存在民主制度能够为社会最底层的佃农、城市平民提供充分的参与机会和权利保障，但是在一个私人空间被不断释放的社会里，日益频繁的交往持续地腐蚀着等级和地域界线，追名逐利使得更多人有机会跻身上层行列。于是，强调协作最终能够取代赤裸裸的统治成为普通法世界的精神实质。

结　语

　　过去几百年中,一种十分奇特的政治竞争和均势在世界史上是欧洲国家所独有的现象——中世纪①,除了俗界与灵界的二元划分之外,在西方世俗世界中还共生着封建领地、封建庄园、自治城市等等彼此竞争合作的次级政治体系。多元化的权力意味着多元化的管辖,然而从长远看,权力所固有的要求他人服从的绝对意志总会不断地在权力之间制造着紧张状态,对同一类事项主张管辖权的冲突反而为自由提供了更多的机会。农奴为保护自己不受其主人的侵害可以诉诸城市法院;封臣为保护自己不受其领主的侵害可以诉诸王室法院;神职人员为保护自己不受国王的侵害可以诉诸教会法院。② 正因为如此,伯尔曼视多元化管辖为自由之源。但是站在制度层面,仅仅这种多元化格局并不能提供出一幅令人满意的法治图景。我们必须承认:任何国家和社会为了求得生存和发展都不得不服从一个统一权威的管理,正如人们为了表达自己的思想需要依靠一定的语法结构一样,没有这种权威,社会将陷于无政府状态。权力间的冲突与矛盾既为当事人提供了摆脱单一权力压迫的机会,同时又为权利的实现创造着新的不稳定根源,因为诉讼当事人可以根据"法庭选购"(forum shopping)策略,通过变更诉讼理由和主张,从一个法庭转到另一个法庭。在这个过程中,往往是利益而

---

　　① 马克斯·韦伯:《经济与社会》,林荣远译,商务印书馆1998年版,第234页。
　　② 哈罗德·伯尔曼:《法律与革命》,贺卫方、高鸿钧等译,中国大百科全书出版社1996年版,第12页。

非对法律的信仰决定了人们的选择;作为多元分立格局的回报,自由也因此呈现出更多的机会主义色彩。

多元化法律管辖冲突的调和在更高层面上提出了构建统一法律秩序的要求。对此,我们无法回避国王在普通法形成过程中所起的关键性作用,排斥王权的历史情感亦不应成为我们拒绝历史存在的理由。应该看到:王权是克服教会独立和封建割据等离心倾向的力量源泉,正是在一个足够强大的王权统驭下,英格兰社会的各种力量才从一开始便相互纠缠一体,在不同权力层面上展开了持续不断的斗争,并以不同的方式回应着人们对于建立统一法律秩序的要求。如果说普通法以司法治理之术的面貌出现、国家治理机构不断合理化的进程是11—13世纪英格兰各种力量斗争妥协的产物,那么国王无疑是大部分争端的挑起者,而王权向教会、封建领地的扩张则是引导冲突爆发的序曲。

然而,决不应夸大王权的作用。如果认为普通法的传统是王权或者中央集权的产品,那么中国古代社会岂不更有理由创造出最美妙的宪政制度。普通法的品质在于约束权力而不是附庸权力,明示或者暗示强权可以创造出普通法传统无疑违背了这一品质。如果没有足以抗衡王权的贵族和教会的存在,一个不受约束的国王完全可以通过一种泛行政化的方式实行简单而粗暴的统治(就向中国古代社会一样[①]),那么就不可能发展出浩瀚繁杂的普通法体系以及与之相配套的司法治理模式。事实上,依靠中央王室法院、依靠一支司法大军实现王国的治理绝非国王的初衷。同其他国家相似,为了扩张王权,建立军队、派驻地方代理人进行统治曾经是国王努力的方向,只是在各种力量的抗争下,这些企图始终无法得逞而已。同样,普通法以司法治理之术的面貌出现

---

① 在托克维尔看来,"中国是以最集权的行政为被统治的人民提供社会安逸的最好代表"。参见托克维尔:《论美国的民主》,董果良译,商务印书馆1988年版,第101页,注释[50]。

英格兰的早期治理

虽然肇始于亨利二世金雀花改革,但是那时的法院和法官远不具备现在意义上的司法内涵,司法职能、法官职衔与行政职能、行政官僚彼此混同,甚至连机构设置也没有明确的界限。司法化的进程是其后近一个世纪间,在各种力量的斗争选择中才逐步发展成型的。因此我们不应只看到"英国司法之完全操于皇室之手者,远较大陆各国为早"①,而忽视普通法法院不受"内阁司法"干涉这一至关重要的品质,毕竟法官才是普通法的缔造者。早在13世纪初,法学家布莱克顿的名言"国王在上帝和法律之下"便已广为流传,他甚至还提出了约束国王的具体办法:"如果国王没有约束,就是说如果没有法律的约束,那么法官和贵族们就应当给国王施以约束。"②总之,对王权的制约构成了普通法世界的另一个维度,无论是王权的扩张还是对王权的反制,每一次都在有意无意地提高着公众参与的程度。国王通过陪审制度将封建领主管辖权排挤出法律的范畴;郡法院在一定程度上也可以看成国王用以平衡地方权势的制度设置,在这里,显贵们不得不与出席郡法院的次级土地保有人、城乡代表平起平坐,而无法再像主上一样发号施令。但是另一方面,地缘的亲近性似乎又为贵族与平民阶层的联合创造了更多的机会,在抵制王权滥用时,他们很容易结为联盟——贵族阶层曾与城市一道让约翰屈服,而反抗亨利三世的斗争更是直接引发了国会制度;在地方,除了郡一级之外,国王就再也无力垂直向下派驻其他的地方代理人了,郡法院合议原则的确立则进一步促使原先的地方长官——郡长一职日渐式微;社会协作的长期诉求最终凝聚成为英格兰地方自治的局面。历经两个半世纪的斗争与选择,在13世纪行将结束之前,英格兰人似乎已经找到了各方利益妥协的契合点,在日常生活中,人们拥有了可观

---

① 王微:《英国排斥罗马法之原因探析》,载《天府新论》2003年第2期,第10页。
② 爱德华·考文:《美国宪法的"高级法"背景》,强世功译,生活·读书·新知三联书店1997年版,第21页。

的空间,通过参与、管理地方事务,得以相对自主地安排生活;而与此同时,国王也可以依靠中央王室法院,通过各案管辖的点滴积累,实现统一的法律治理。直到近代社会关系变得日益复杂之前,这样的架构看上去都较好地应和着一个相对简单的社会。如果说传统就是特定意向性行为的反复再现,那么司法治理和地方自治便是英格兰早期治理对普通法传统作出的最大贡献。

参考书目

英文

1. F. W. Maitland, *The Constitutional History of England*, Cambridge University Press, 1920.

2. Sir Frederic Pollock and Frederic William Maitland, *The History of English Law before the Time of Edward I*, Cambridge University Press, 1968.

3. Ralph V. Turner, *The English Judiciary in the Age of Glanvill and Bracton, c. 1176—1239*, Cambridge University Press, 1985.

4. L. B. Curzon, *English Legal History*, Macdonald & Evens Ltd., 1979.

5. R. C. Van Caenegem, *The Birth of the English Common Law*, Cambridge University Press, 1973.

6. J. H. Baker, *An Introduction to English Legal History*, Butterworth & Co (publishers) Ltd., 1979.

7. J. C. Holt, *Magna Carta*, Cambridge University Press, 1992.

8. Anthony Musson and W. M. Ormrod, *The Evolution of English Justice*, Macmilian Press Ltd., 1999.

9. S. F. C. Milsom, *The Legal Framework of English Feudalism*, Cambridge University Press, 1976.

10. Norman Doe, *Fundamental Authority in Late Medieval English Law*, Cambridge University Press, 1990.

11. Colin Rhys Lovell, *English Constitutional and Legal History*, Oxford University Press, 1962.

中文

1. 马克斯·韦伯:《经济与社会》,林荣远译,商务印书馆1998年版。

2. 李猛编:《韦伯:法律与价值》,上海人民出版社2001年版。

3. 弗里德利希·冯·哈耶克:《自由秩序原理》,邓正来译,生活·读书·新知三联书店1998年版。

4. 哈罗德·伯尔曼:《法律与革命》,贺卫方、高鸿钧等译,中国大百科全书出版社1996年版。

5. 汉密尔顿、杰伊、麦迪逊:《联邦党人文集》,程逢如等译,商务印书馆1997年版。

6. S. F. C. 密尔松:《普通法的历史基础》,李显冬等译,中国大百科全书出版社1999年版。

7. 马克尧:《英国封建社会研究》,北京大学出版社1992年版。

8. 孟广林:《英国封建王权论稿》,人民出版社2002年版。

9. 程汉大:《英国法制史》,齐鲁书社2001年版。

10. 李红海:《普通法的历史解读——从梅特兰开始》,清华大学出版社2003年版。

11. 约翰·阿克顿:《自由史论》,胡传胜、陈刚、李滨、胡发贵等译,译林出版社2001年版。

12. 罗素:《西方哲学史》,何兆武、李约瑟译,商务印书馆1997年版。

13. 托克维尔:《论美国的民主》,董果良译,商务印书馆1988年版。

14. 托克维尔:《旧制度与大革命》,冯棠译,商务印书馆1992年版。

15. 阿萨·勃里格斯:《英国社会史》,陈叔平等译,中国人民大学出版社1989年版。

16. 伊·勒·伍德沃德:《英国简史》,王世训译,上海外语教育出版社1990年版。

17. F. E. 霍利迪:《简明英国史》,洪永珊译,江西人民出版社1985年版。

18. 斯塔夫里阿诺斯:《全球通史》,吴象婴、梁赤民译,上海社会科学院出版社2001年版。

19. 爱德华·考文:《美国宪法的"高级法"背景》,强世功译,生活·读书·新知三联书店 1997 年版。

论文

1. 周虹:《英国近代陪审制度的历史成因》,北京大学法学院 1999 级硕士论文。
2. 蔺志强:《亨利三世时代的英国王权研究》,北京大学历史学系 2001 级博士论文。
3. 王微:《英国排斥罗马法之原因探析》,载《天府新论》2003 年第 2 期。

索　引

A

爱德华一世 4,66,69,84—86,88,90,
98—99,102—103,111,113,119,
124,126,132,154,159

B

兵役 4,52—69,80,98,109,143,154
贝克 12,108
伯尔曼 14,36,40,161
布莱克斯通 18,
布莱克顿 45—46,132

D

多元化 3,5,11,38,52,102,113,135,
161—162
地方自治 4,7,11,13,141,159,
163—164
都铎王朝 14,70
大宪章 68,81—84,102—103,108,
115,122,131,149,158
地方代理人 4,29,73,79—80,100,
143,162—163

F

封建,封建制度 2,13,15,18—35,43,
49,52,56—61,65—66,75,150—
151,153,156,162—163

H

亨利三世 11,16,65,68—69,98,102—
103,108—109,111,122—124,126,
128,131—134,138,149,154,163
哈耶克 13,
亨利一世 16,31,77,79,93—94,114,
137,144,157
亨利二世 23,33,43,46—49,54,56,
61—62,69,78—81,84,92—96,103,
106—109,116—119,121,125,131—
134,137—138,147,156—158,163

J

教会 3,5,13,36—51,54—56,76,
142,162

军队 4—5,39,50—54,58,60—62,64,67,70,80,162

竞争 6—9,28,32,36,116,161

金雀花王朝 金雀花改革 11,80,93—94,109,137,163

教皇革命 13,36,40—41

郡法院 27—29,72,74—78,80—87,88—89,97,99,103,142—147,149—150,163

郡长 4,32,65,73—85,87,90,94—95,97—100,114—115,129,138,144,148—149,157,163

教会法 39—41,45—46

K

卡内刚 3,46

柯克 18

L

令状 35,44,65,76—77,83,97,99,103—104,107,110—111,116,126,129—130,149

M

梅特兰 3,10,12,15,59—60,107,116—117,124,127

密尔松 5,32,117

N

诺曼征服 2—3,6—7,10,12—14,22—23,25—28,42—43,46,54—55,57,73,75,143,156

P

普通法 2,5—7,11—12,36,43,46,50,80,92—93,96—97,100—101,105,107,109,113,117—118,122,125,127—128,132—133,135,141,160,162—164

陪审,陪审制度 4,33—34,48,72,77,82,84—85,89—90,95,98,106,109—110,129,135—142,148,163

Q

骑士 4,52—56,58—61,63,66,68,71—72,79,82—83,86—87,90,92,102—103,109,133,149—150

S

司法治理 2,4,6—7,100—101,105,130—132,134,162,164

司法管辖 23

T

妥协 7,9—11,13,32,36,50,99,104,131,162—163

托克维尔 9,155

土地保有(土地保有人,土地保有权) 19,25,30—33,35,44,50,53—55,

58,60—61,63—66,68,76,79,84,90—91,99—100,103—104,109,111,139,143—149,151,159,163

土地诉讼(土地之诉) 30—32,34—35,44,48,103,106—110,112,126,137

W

王室法院 王室法官 4,23,27,31—33,36,43—46,48—51,77,79—80,84—86,92—93,95,97,99,101—102,108—111,113—115,118—125,127—134,138—141,145,161—162,164

X

巡回法庭 巡回法官 4,34,48,85,87—88,93—96,98,100,103,105—110,112—113,117,119,128—132,147—148,152

巡回审判 29,31,33,93—97,100—102,105,107—113,118,121—122,128,130,137,147

Z

征服者,威廉 2,5,11,15—17,19,22—25,42—43,49,54,58,60,92,94,136—137,143

制度选择 3,5

治安法庭 治安法官 85,87—90

篇 后 语

  我首先希望能够借此书向我的导师贺卫方教授表示感谢。老师是第一个领我登堂入室的人。但愧于禀赋所限，以致完成从实践法学向理论法学的跨度对我而言实在艰难。好在有老师学者风范的震慑，让我这个不识礼教之徒终于可以伏案苦读、专心用功，历经近两年时间，像挤牛奶一样，点点积累至今。值此收笔之日，也许我可以庆幸原来的法律工匠已经沾染上了些许的学术气质。

  我还应该感谢周虹师姐。她也许并不知道自己的论文《英国近代陪审制度的历史成因》让我捡了个多大的便宜。在我看来，这篇文章是我检索到的少数几篇介绍普通法制度沿革的精彩之作。其理路清晰、华表乐章，使得我能够游刃有余地编排这部分内容。虽然所占比例很小，而且阐释路径甚至结论都与师姐不尽相同，但是这份轻松真是妙不可言。

  最后，要感谢的是芝梅、大晓夫妇、聂鑫、亚萍和方鹏，他们肯定早已心中有数了，因为在学校的美好时光总是和他们联系在一起的。虽然大多"不务正业"，但这些调侃、嬉戏却着实为我们的生活增添了无穷的乐趣。25号楼229室，是个令人留念的地方，虽然当了几次不速之客，让睡眼依旧朦胧的芝梅嗔怒不已，但是真不知道今后还可以在哪里寻找到那样的茶香。